せめて死を理解してから死ね！

孤独死のススメ

ノートルダム清心女子大学名誉教授 保江邦夫

VOICE

はじめに

人は、いつか必ず死にます。

いや、「人は死なない」という見方もあるでしょう。

しかし、それを受け入れることができるのは、この宇宙の摂理の秘奥をのぞき見ることができた、ごく少数の高潔な魂の持ち主だけではないでしょうか。

己の肉体のみにとらわれ、目に見える世界にしか思いを馳《は》せることのできない大多数の人々にとっては、生命活動の停止こそが「死」として、眼前に迫りくる最大の驚異であり続けているのが事実です。

実際のところ、ほとんどの人が、死を絶対に逃げることのできない自らの破滅的な終着点として恐怖におびえる日々を送っているのです。

脳神経組織の複雑な生理化学反応によって人の心が生まれる、という唯物論的な考えが支配的な現代においては、死によって脳が活動を停止した瞬間に心も消え失せてしまい、すべては無になると信じている向きがほとんどでしょう。

そのような捉え方をしている現代人の多くが、死を暗闇のような不気味な存在と見なしているために、特に自分自身の死については、さまざまに思いを巡らせることもしないのが普通です。

こうして、誰もが死という名前の亡霊に取り憑《つ》かれたまま、文字どおりいつ死ぬかもわからない不安を抱えながら手探りで人生を送っているのです。

人生の最大の敵である死から目をそらすことだけを努力しながら……。

では、死というものを知り、死に対する恐怖を拭うにはどうしたらいいでしょうか。

それには、勝つための戦術を説く「孫子《そんし》の兵法」を持ち出すまでもなく、戦いに勝利するにはまず敵を知ることが肝要です。

死に神に追われ続けている現代人にとってもこれは真実であり、執拗《しつよう》に追い回してくる敵として位置づけてしまっている死について、多方面からその本当の姿を明らかにしておくことこそが死の恐怖を克服する最短最良の道となります。

そのような道を読者の皆様にお示しするために、このたび、筆を執らせていただきたいと思います。

願わくば、まずは、この本をとおして、「人は死なない」という魂の本来の姿を思い出すところからはじめていただきたいのです。

そして、さらなる調和に満ちた世界へと凱旋《がいせん》する明るい門出のために他ならない死というものを正しく捉え直していただけますように、と願っています。

保江邦夫

もくじ

第2章

死とは何か

第5章 あの世からこの世へのミッション……121

第6章

孤独死のススメ全10か条

第1章 死の瞬間に必要なたったひとつのこと

死の瞬間のために練習しておくべき〝あること〟

まずは、ある日まさに青天の霹靂《へきれき》の如《ごと》く死が襲いかかってきた刹那に何をすべきか、ということです。

その瞬間のためにも、今から努力しておいていただきたいことがあります。

それをお伝えしますので、これから毎日練習していただければと思います。

なにしろ、死はまったく予期できぬタイミングで、しかも、まだまだやり遂げようとしていたことを数多く残したままの不本意な状況で、ある日突然に訪れたりするものなのです。

あなたが、もしそんなふうに、この世を去らなければならない瞬間を迎えてしまったならば、激しくうろたえてしまうでしょう。

そして、文字どおり前後不覚となって何もできないまま死んでしまうはずです。

これから学んでいただく、「死の瞬間にできる唯一のこと」も、単にそれを予備知識として憶えていただけでは、そんな混乱の極致に陥った状況ではいざとなったら実践できません。

しかも、それを今から学んだとしても、実践せずにそのままになってしまうのなら意味がありません。

その決定的な瞬間が自分の上に降りかかったとしても、結局、そのことを思い出すこともなく終わってしまう可能性が高くなります。だからこそ、毎日の練習がどうしても必要になってくるのです。

どうか、心してこのことを理解し、毎日欠かさずに実践なさってください。

とはいっても、決してそれは難しいことではなく、毎日の練習も一瞬で終わってしまう上に、気分よく楽しく続けていくことができるものです。

僕はこれを、スペイン人の修道士であり、険しい岩山の洞窟や無人島の崖の上の掘っ建て小屋で長年にわたって隠遁《いんとん》修行をなさった、故マリア・ヨパルト・エスタニスラウ神父様から教えていただきました。

以降、かれこれ40年以上も毎日続けています。

そして、だからこそ、なのかもしれません。

今から15年前のことになりますが、いったん死んでからも蘇《よみがえ》るという希有な体験を授かったのだと信じてやみません。


世界中のカトリック信者たちから「隠遁者様」と呼ばれて敬愛されていたエスタニスラウ神父様に、僕はあるときこう訊《たず》ねたことがありました。

「死を迎えようとするとき、いったいどうすれば天国への門が開かれるのでしょうか?」、と。

それに対する隠遁者様の教えが、これからお伝えする「死の瞬間にできる唯一のこと」であり、死んでから天国に召されるための絶対条件に他ならないのです。

隠遁者様のその質問に対する答えと教えは、次のようなものでした。

たとえば、生前に善行を尽くし、世のため人のために働き、何も思い残すことがないほどに満足な人生を送ることができた人がいるとします。

でも、その人が死の瞬間に自分を誇らしく思うならば、その人はその気持ちによってこの世に魂を幽閉して自獄（地獄）に囚われてしまう、ということでした。

一方で、生前に悪行の限りを尽くし、多くの人を騙《だま》し、暴力の果てに殺人までも犯してしまったと死の瞬間に自分を恥じて悔やむ人がいるならば、その人もまた、その気持ちによってこの世に魂を幽閉する自獄（地獄）に堕《お》ちてしまう、ということなのです。

ではいったい、どんな人が天国へ行けるのでしょうか？

それは、死の瞬間にある一言を言える人、ということでした。

その一言とは、「ただいま！」という言葉です。

それも、子どもの頃に遊び疲れて夕方家に戻ってきたときに「ただいまー、お腹空いた！」と母親に声をかけていたときのように、何も考えずにただただ「ただいま」と神様に声をかけるのみです。

生前の善行に満足することもせず、悪行を悔いる必要もないのです。

これが、死の瞬間にできる唯一のことです。

僕たちが死を迎えるときに道を誤らないためにできる（いや、そうしなければならない）唯一のことは、これだけなのです。

何も考えずに、ただただ「ただいまー」と（神様に）声をかけるのです。

これができずに、人生で何かを立派にやり遂げたと自分のことを信じている人は天国へは行けないのです。

同様に、死に際に「もう何もやり残したこともないし、自分の人生は十分に満ち足りたものになった！」などと思った途端に、やはり道を踏み外して自獄（地獄）に堕ちてしまうのです。

あるいは、シリアルキラー（連続殺人犯）として、何人もの人を殺してしまうなど凶悪かつ最低の人生を送ってしまった人が、「自分はこの人生で、トンでもないことをしでかした！」などと悔やんだ途端に、やはり、道を踏み外して自獄（地獄）に堕ちてしまうわけです。

当然ながら、そのことにまったく悔やまない殺人鬼だって同じ結果です。

「なんて理不尽な！」

「ええっ？　そんなことってありえるの？」

などと思われる人もいらっしゃるでしょう。


しかし、死にゆくときに道を外さずにちゃんと天国に招き入れられるためには、自分の人生に満足したり、あるいは失望したりすることなどは一切必要ないのです。

必要なことは、たとえどんな人生を送ったとしても、それらをまったく振り返ることをせずに「ただいまー」と言ってあちらに帰っていくことだけなのです。

その日のためにできること――眠りに落ちる前に練習する

いかがでしょうか。

あきれるほどに、簡単なことではないでしょうか。

なにしろ、ある日突然死ぬことになっても、「ただいまー」だけ言えばいいのですから。

ただし、そうはいってもこの人生を生きている誰にとっても、死ぬのは初めての体験になるはずです。

だから、「何も考えずに、ただただ、〝ただいま〟と言えばよい」という隠遁者様の教えを知ったとしても、いつのことになるかわからない死の瞬間にまで、このことを憶えていられるかどうかあやしいものです。

やがて来る〝その日〟までにこのことを忘れたり、もしくは、せっかく憶えていたにもかかわらず、死に遭遇した際のあまりの衝撃とショックで、それを実行することができない人もいるでしょう。

だからこそ、隠遁者様は誰にも訪れるその日のために、毎日練習できるような具体的な方法までも教えてくださっていたのです。

それは、睡眠という誰もが毎日必ず行う生理学的な行動を利用するものです。

隠遁者様によれば、睡眠中での魂の状態そのものが死んでからの状態に近いものであるため、この練習には眠りに落ちる瞬間を利用するのが理に適《かな》っているということです。

では、どうするのかというと、毎晩寝るときにこの言葉を唱えるのです。

誰しも、日々眠りにつくときには、ベッドや布団に横になると、だんだんと眠くなりはじめて意識が遠のいていくときがあると思います。

その際、普通なら、誰もがその日にあったことを思い浮かべながら、「今日はよく頑張ったな」とか「今日はまずいことばかりだった」「ああすればよかったな……」などと満足したり悔やんだりするはずです。

しかしそれでは、睡眠中に魂が肉体を離れて雄飛することができず、翌朝目覚めたときに疲れが残ってしまいます。

翌朝にすっきりと目覚めるためには、睡眠中の魂が肉体を離れた本来の姿で、この世からあの世までを縦横無尽に飛び回ることで、霊的なエネルギーを補給しておかなくてはなりません。

そこで、横になってすぐに魂があの世へと雄飛できるようにするためにも、眠りに落ちる際には、何も考えずに、心の中で「ただいま」と言うのです。

ここで余談ですが、僕が小さかった頃は、母親代わりに育ててくれた祖母の隣で毎晩寝ていました。

働き者の祖母は早朝から深夜まで働き詰めで、床に入るのも家人が全員眠りについてから最後であることがしょっちゅうでした。

そんな祖母が僕の隣の布団に横になろうとするとき、たまたま目が覚めた僕の耳に毎回同じ台詞《せりふ》が聞こえてきたことを覚えています。

それは、「寝れば極楽、寝れば極楽」という言葉でした。

今思えば、祖母が毎晩寝る前に唱えていた「寝れば極楽、寝れば極楽」という言葉も、何も余計なことを考えずに天国に迎え入れられるための「ただいま」に代わる祖母なりの〝合い言葉〟だったのかもしれません。

その延長で考えれば、死ぬ瞬間に何も考えず「ただいま」と言う代わりに「死ねば天国、死ねば天国」と唱えるのもよいかもしれません。

さて、話を元に戻しましょう。

要するに、毎晩眠りに落ちるときに「ただいま」と心でつぶやいたり、声に出して言ったりすることで、隠遁者様が教えてくださった「死の瞬間にできる唯一のこと」を毎日練習することができるわけです。

毎晩寝るときに意識が遠のいていくとき、何も考えずにただただ「ただいま」と言うだけでよいのです。

この簡単な練習を毎日続けていさえすれば、ある日、あるとき、ある場所で突然、死が襲いかかってきたとしても、まったく慌てることはありません。

その瞬間は、何も余計なことを考えることなく「ただいま」と言いながら死んでいけば、そのまま天国へと迎え入れられるのです！

いとも簡単ではありませんか。

隠遁者様が教えてくださった、突然に迎える死の瞬間に天国の門を開くためにできる唯一のことが、こんなにシンプルなことだなんて、誰が想像できたでしょうか。

荒行の修行を選んだ隠遁者様

それではここで、隠遁者様であるエスタニスラウ神父について少しだけ説明しておきましょう。

カトリックの修行僧である隠遁者様は、スペインのカタルーニャ州のバルセロナ近郊にあるベネディクト派のモンセラート修道院出身の神父です。

モンセラートとは「ギザギザ山（のこぎり山）」という意味があるように、修道院は崖のような岩山の中腹に建てられているのですが、この岩山で荒行を積まれた修道士です。

このモンセラート修道院では修行法がふたつあり、ひとつはグレゴリア聖歌を歌うこと（実際にこの修道院ではグレゴリア聖歌が有名です）で、もうひとつは厳しい荒行をすることだそうですが、ほとんどの人がグレゴリア聖歌のほうを選ぶのに対して、隠遁者様は荒行のほうを選んだそうです。

荒行を選んだのは隠遁者様ともう一人の修行僧マルコ神父の二人だけだったそうですが、荒行の内容は修道院長ですら知らず、修行をした本人も他言できないとのことなのですが、要するに、キリストが行った苦行を自分たちも同じように行う、ということらしいのです。

また、その修行は、岩山の開けた場所で行うらしいのですが、修行の前に岩山に登っていくときも、膝行《いざり》（足を使わずに膝をついて移動する）の状態で登っていくとのことで、その時点ですでに足は血だらけになってしまうそうです。

ある日、スペイン軍のレインジャー部隊が岩山に訓練にやってきたらしく、一隊を率いた隊長が帰り際に修道院に立ち寄って神父様にこんな話をしたそうです。

「岩山にいた二人の乞食《こじき》に、うちの精鋭部隊の隊員たちが投げ飛ばされたんですが、あの乞食たちは何者ですか？」

すると神父様は、「うちの二人が岩山で修行をしているはずですが……」とお答えになったそうで、そこで初めて、荒行が格闘技も含む、ということがわかったそうです。

その後、隠遁者様はイエス・キリストから「日本に行け！」というメッセージを受けて来日され、五島列島の中の無人島からさらに広島の山奥に移られ、僕はそこでのご縁で隠遁者様との出会いがあったわけです。

そんな、命を削るような厳しい荒行を選んだ隠遁者様が教えてくださった天国へ行く方法が、「ただいま」なのです。

隠遁者様が厳しい修行をした、切り立つ崖の上にそびえたつモンセラート修道院

故マリア・ヨパルト・エスタニスラウ
神父（隠遁者様）が手を差しのばすと、
掌の上に小鳥が舞い降りてきた

宗教は死に方は教えてくれない

善行を積めば天国へ行くことができて、悪行を積めば自獄（地獄）へ行く。だから、善行を積むべきである。

世界中の宗教が、すべて似たような教えを説いています。

でも、この教えの根底にあるものは、「天国に行きたいなら、こう生きるべき」という「生き方」の教えであり、「死に方」の教えではないのです。

仏教にしても、涅槃《ねはん》に至るための八種の実践法として「八正道《はっしょうどう》」を教えていますが、これも結局、生き方や心の持ち方を説いているのです。

死んで天国に行くには、善人も悪人も「ただいま」だけでいいなんて納得がいかないという人もいるでしょう。

けれども、それも人間の考え方や論理の範囲における話であり、死とはそれらを超えたところにあるものなのです。

あの彗星《すいせい》探索家の木内鶴彦さんもこれまで三回もの死を体験していますが、彼いわく死んだ先には、「何もなかった」とのことです。

死んだ世界で、亡くなった家族に会ったり、その世界が自分の信じていた宗教や信条によって創られた世界である、というのもただの期待にすぎません。

では、生きているときに積んでしまったカルマなどはどうなるの？　と思われる人もいることでしょう。

まず、カトリックでは、そもそも輪廻《りんね》転生は認めてはいません（キリスト教の宗派には認めているものもありますが）。

隠遁者様は、「本当の真実とは、誰もが日々の生活を一生懸命続けているその先にあるものです」とおっしゃっています。

たとえば、人を殺《あや》めてしまった人がいるとしましょう。

普通ならその人は悪いことをしたので自獄（地獄）へ行く、と誰もが考えるし、考えたいものです。

でも、何かの間違いや、何かのタイミング、また、何か深い事情があって不本意ながらそのことが起きてしまった場合、その人は「殺した」という行為をしたことで、天国へ行けないのでしょうか？

そんなはずはないと思うのです。

この世界における宗教観や道徳観と、死んでたどり着く世界は別のものなのです。

闇は光の母

死にゆくときには何も誇らず、何も憂うことなく、ただ「ただいま」という気持ちで天に召されればいいのです。

そして、それを実現するための予行としては、毎晩眠りにつくときに「ただいま」という気持ちで横になるだけなのです。

隠遁者様によるこれらの教えの本質を見事に描いた「闇は光の母」と題する谷川俊太郎の詩があります。

ここで、その全文をご紹介しておきましょう。

闇は光の母

谷川俊太郎

闇がなければ光はなかった
闇は光の母

光がなければ眼はなかった
眼は光の子ども

眼に見えるものが隠している
眼に見えぬもの

人間は母の胎内の闇から生まれ
ふるさとの闇へと帰ってゆく

つかの間の光によって
世界の限りない美しさを知り

こころとからだにひそむ宇宙を
眼が休む夜に夢見る

いつ始まったのか私たちは
誰が始めたのかすべてを

その謎に迫ろうとして眼は
見えぬものを見るすべを探る

ダークマター
眼に見えず耳に聞こえず
しかもずっしりと伝わってくる
重々しい気配のようなもの
そこから今もなお
生まれ続けているものがある
闇は無ではない
闇は私たちを愛している
光を孕み光を育む闇の
その愛を恐れてはならない

『自選ー谷川俊太郎詩集』（岩波文庫）

よく、「闇が存在するからこそ、光が存在する。その逆もまたしかり」といわれます。確かにそれは正しいのですが、この詩は、さらにもう一歩先にある奥深いことを教えてくれているのです。

それは、「闇はすべてのものが誕生する源であり、愛の源泉でもある。従って、闇を恐れるなかれ」ということなのです。

人は闇を恐れ、闇をネガティブなものとしてとらえています。

また、夜になると蛍光灯などの照明器具をつけて闇をかき消そうとしていますが（実際に闇だとモノが見えないから仕方がないわけですが）、実は、暗闇こそ人間が持って生まれた本来の五感を呼び戻してくれる場所でもあるのです。

たとえば、武道の世界には、真っ暗闇の中で稽古をする「闇稽古」というものがあります。

ある日、僕の門人の一人が、彼の師匠と闇稽古をする機会があったそうです。

通常、暗闇の中にしばらくいると、目が慣れてきて、なんとなくあたりの感覚がつかめるようになるものですが、門人の師匠は、あえて闇稽古のときには黒い空手着を着ていたそうです。

つまり、師匠からは白い空手着を着ている弟子である門人は、うっすらと暗闇の中で白い空手着が浮かび上がって見えてきても、弟子のほうからは黒い空手着を纏《まと》った師匠のほうはずっと真っ暗闇で何も見えないのです。

けれども、暗闇での稽古に慣れてくると、少しずつ変化が起きてきたそうです。

門人いわく、何週間かそのような状況で練習を続けていると、師匠からの蹴りがどこからくるのかが気配だけでわかるようになったとのことです。

それは、暗闇の中にいると五感が研ぎ澄まされてくるということであり、それはつまり、人間が本来持っていた能力が暗闇の中で戻ってくる、ということでもあるのです。

谷川さんの詩は、「闇は光の母である」ということを教えてくれています。

それは、「我々が持って生まれた本当の力を取り戻したいのなら、闇の力を借りなさい」

ということでもあるのです。

人は死んだら闇の世界に行くと信じて恐れ、眠りに落ちても闇の世界に行くと思い込んでいます。

でも実は、闇こそが光さえも生む創造の源だったのです。

第2章　死とは何か

臨死体験は死亡体験ではない

では、いったい死をどのように定義づければいいのでしょうか。

これを読んでくださっている皆さんにとって、ご自身の「死」は未体験の領域にあるわけです。

当然ですが、今、この本を読んでいる方は、まだ「死」を経験していないからです。

もちろん、ごく少数はいわゆる「臨死体験」をなさった方もいらっしゃいますが、一般的にいわれている臨死体験とは、死亡体験とは違うものです。

というのも、基本的に臨死体験とは意識が回復していない状態ではあるものの、心肺機能は能動的にせよ受動的にせよ維持されている生命維持が可能な状況であり、まだ生きている状態だからです。

そしてその後、意識が回復して思い出すイメージが、ご自分が三途《さんず》の川を渡ろうとしていたら向こう岸に死んだお爺《じい》さんが立っていて「お前はまだこっちに来てはならん！」などと一喝された瞬間に、気がついたら病室で横になっていた、というようなエピソードが定番になっています。

そんなことから、人間が本当に死ぬときにもこのような「臨死体験」に近い体験をすると考えられていることも多いのです。

けれども、「臨死体験」はあくまで「臨死体験」であり、「死亡体験」とはまったく無関係なのです。

三途の川の向こう岸に生きていたときに自分を可愛がってくれたお爺さんが立っていた、というイメージそのものは、実はこのような「臨死体験」が脳の働きから生じたものです。

もちろん、本当に死んでしまったときに、あの世に逝ったお爺さんの魂に会えないこともないでしょう。

でも、お爺さんが死んだときのお年寄りの男性の姿で会えるというわけではありません。

魂が姿形をとると、24歳のときの姿になる理由

では、死んだ人はどんな姿で現れるのでしょうか？

よく映画やＴＶドラマなどでは、亡くなった時点での姿が死んだ後の魂の姿として描かれることも多いようです。

しかし実際には、死んだときに肉体から離れた魂の姿は、その本人が24歳前後の肉体年齢の姿に最も近いものになります。


不思議なことに、もし、その人が24歳よりも若い年齢で、たとえば、12歳くらいで死んでしまったとしても、その12歳の未発達の肉体から解き放たれる魂は、その子が24歳になって完全に成長したときの姿に近いものになるのです。


では、どうして人は死んだら24歳前後の姿で現れるのでしょうか。

こればかりは状況証拠しかないのですが、人が霊として現れる際、その姿が24歳前後の

姿であることが多いのです。

つまり、人間として20〜28歳という青年期は生命活動がエネルギー的に最も高い時期であり、24歳というのがそのピークにあたる時期だからです。

それゆえに、魂がその人の最も本質の姿を顕在化させようとすると、だいたい24歳のときの姿で現れることが多いのです。

これは、生きている人の意識としても同じことがいえるようです。

たとえば、僕も自分の実際の年齢を確認したり、鏡に映った自分の現在の姿を見るとぎょっとすることはありますが、今でも「自分は永遠に24歳だ」と思っているところがあります。

同様に、周囲の人たちに「今、自分のことを何歳くらいだと思う？」と聞いても、たとえその人が年配であったとしても、「気持ちだけは、いまだに24歳だと思っているよ」と言う人が多いものです。

人は、どんなに年齢を重ねても、自分が最も輝いていた時代＝魂がその人の本質を生きていた時代の意識でいるものなのです。

よく実際の年齢よりも〝若く見える人〟がいますが、それは、その人は魂のままで生きているからであり、生まれたときの魂からのズレが少ない人だといえます。

そんな人は、いつまで年齢を重ねても、常に24歳前後の輝きを放っています。


僕は、この感覚を本物の霊能力者を見抜くときなどにも使っています。

要するに、本物の霊能力者やサイキックなどは年齢を重ねた人でも若々しい人が多くて、ニセモノは年相応に年をとって見える人が多いのです。

つまり、本物の霊能力者は、汚れのないまっさらなピュアな魂のままで生きている人である、ということです。

実際にそうでないと、霊能力は発揮できないのです。


世の中には、さまざまなアンチエイジング技法がありますが、ピュアな魂で生き続けられることが、究極のアンチエイジング技法なのかもしれません。

2分30秒間の死亡体験

さて、臨死体験と死亡体験が違うとなると、死亡体験とはどのようなものなのでしょうか？

実はこの僕自身、一度、死んだ体験をしています。

とはいっても、全身麻酔の外科手術中に２分30秒間だけ心肺停止状態となっただけなので、その短時間の「死」の前後の感覚が記憶として残っているわけではありません。

ですから、手術中に一度死んでしまったなどという事実もまったく知らなかったのです。

ところが、手術を担当してくださった麻酔医の先生がその夜にご自宅に戻られたときに「いやー、今日の手術は危なかった……」と奥様に詳細を語られた話が、どういうわけか僕の耳にまで届いてしまったのです。

それがなければ、６時間の手術の中で、医師たちが慌てて蘇生してくれた緊迫の場面があったことなど知る由もありませんでした。

では、手術室で起きていた2分30秒間の死の間のことを本当にまったく覚えていないのかというと、それもまた自信がありません。

というのも、僕がはっきりと覚えているのは手術がはじまる直前までなのです。手術台の上で、まな板の上の鯉状態で仰向けになっていた僕の顔をのぞき込んだ麻酔医が、「これから麻酔しますからね、次に気がついたときにはもう手術は終わっていますよ」と話しながら僕の肩を軽く叩いていたというところまでしか記憶にないのです。

実は、そう言われたことで、天の邪鬼の僕は、「よし！　それなら絶対に麻酔で眠らないように、無理矢理目を見開いておくぞ！」と心に決めて神経を集中していたのです。ところが、そこからまるで電源の入っていたブラウン管テレビの受像機のコンセントを抜いてしまったようになってしまいました。

そこから憶えているのは、映っていた画面がプツーンと一瞬で上下につぶれるように横一直線の光の線になった直後、今度はその光の直線が左右につぶれて中央に光る点が残ったように見えたことだけです。

それが見えたとき、「なーんだ、テレビの画面が不意に消えてしまうときと同じだ！」と思って笑おうとした瞬間に、今度は再びマスクをかけた麻酔医の顔が眼前に迫ってきました。

そして、「大丈夫ですよ、もう手術は終わりましたからね！」と声をかけられたのです。

なんと不思議なことに、全身麻酔をかけられていた6時間という決して短くはない時間が、僕の意識の中ではまったく消滅していたのです。

さらには、それが消えてしまったという空白さえ感じることができないために、自分ではその間のことが「何もわからない」のです。

ただ、その消えた時間の中で、はっきりと見えた場面が手術後の今でもずっと頭に残り続けています。

それは、真っ黒な魔物がうごめく自獄（地獄）の入り口で自分が痛みと恐怖に苦しみ、もはや、もう少しで自獄（地獄）に堕ちそうな状況でした。

そこで、苦しみながらも、かろうじて心に浮かんだ聖母マリアの御姿に向かって祈りを捧げたのです。

「この痛みと苦しみからお救いください」、と。

すると、どす黒い地獄の光景の中に、真っ白な点がぽつりと現れて、その白い点がだんだんと大きくなってきました。

そして、その点がはっきりと見える大きさになったとき、それが真っ白な鳩だとわかったのです。

その真白き鳩は、さらにどんどん大きくなると、おどろおどろしい地獄絵図のすべてを覆い隠してしまいました。

気がつけば、あれほどまでに激しかった恐怖も激痛も完全に消え去っていました。

そうなのです。おそらくこの瞬間に、死の淵から生還できたのです。

マリア様への祈りによって。

「素領域理論」から見た「生」と「死」と「魂」

それではここで、「素領域理論」から見た「生」と「死」、そして「魂」というものを説明してみましょう。

素領域理論とは、理論物理学者の湯川秀樹博士が晩年に提唱していた空間の超微細構造を規定する物理学の基礎理論です。

この素領域理論では、我々が生きているこの空間は素領域という無数の泡で構成されていて、素領域の中に素粒子が入っていると考えます。

素粒子が空間の中を動くというメカニズムは、素粒子が素領域という泡から泡に飛び移ることが連続することで実現され、素粒子は素領域という泡の中にしか存在できません。これが物理学の基本理論になります。

要するに、人間の身体をはじめ、すべてのものは素粒子でできていて、この空間も素領域がぎっしりと泡のように連なっている泡の集合体ということになります。

それは、たとえばビールの泡のようなものですが、この泡と泡の間に〝あの世〟というものが存在しているのです。

50ページのイラストでは、永遠につながっている泡と泡の間の隙間の部分があの世なら、泡の集まりの部分がこの世になるわけです。

魂はあの世の側に存在していて、生きているときは隙間と泡のふたつの部分が重なっていますが、死ぬことによって、魂は抜けていきます。

イラストを見てもわかるように、この世もあの世も重なっていて同時存在しているので、死んだら魂は宇宙の果てに飛んでいくわけではなく、生きている人にはわからなくても、すぐそばにいるのです。

ちなみに、この隙間の部分はすべての隙間とつながっているので、他の人の魂ともつながっています。

そこで、人が死んだ後は、最初の頃はまだ「自分」というエゴにもとづく主張があるわけですが、次第に全体＝神に近づいていきます。これが素領域理論における宇宙観になります。

誕生に関しては、人間が生まれるときには泡の外、つまり素領域と素領域の間の隙間の部分に魂というひな型ができた後で、受精卵が発生すると素領域の内側の適材適所に素粒子が入り込んで人間の身体が出来上がっていきます。

また、人は死ぬとひな型である魂が去るので、素領域にある素粒子でできている身体は生命維持ができなくなり、身体は朽ちていくのです。

つまり、魂があってはじめて生命活動が機能するのです。

これが素領域理論における「誕生と死」になります。

死んだ後の魂は素領域と素領域の間の隙間を出て、大いなる源であるワンネスに戻っていくことになります。

そして、再びそこから素領域と素領域の間の隙間へと入ってきて、新しい生命を生きるのです。

素領域の考え方から見た霊体と肉体

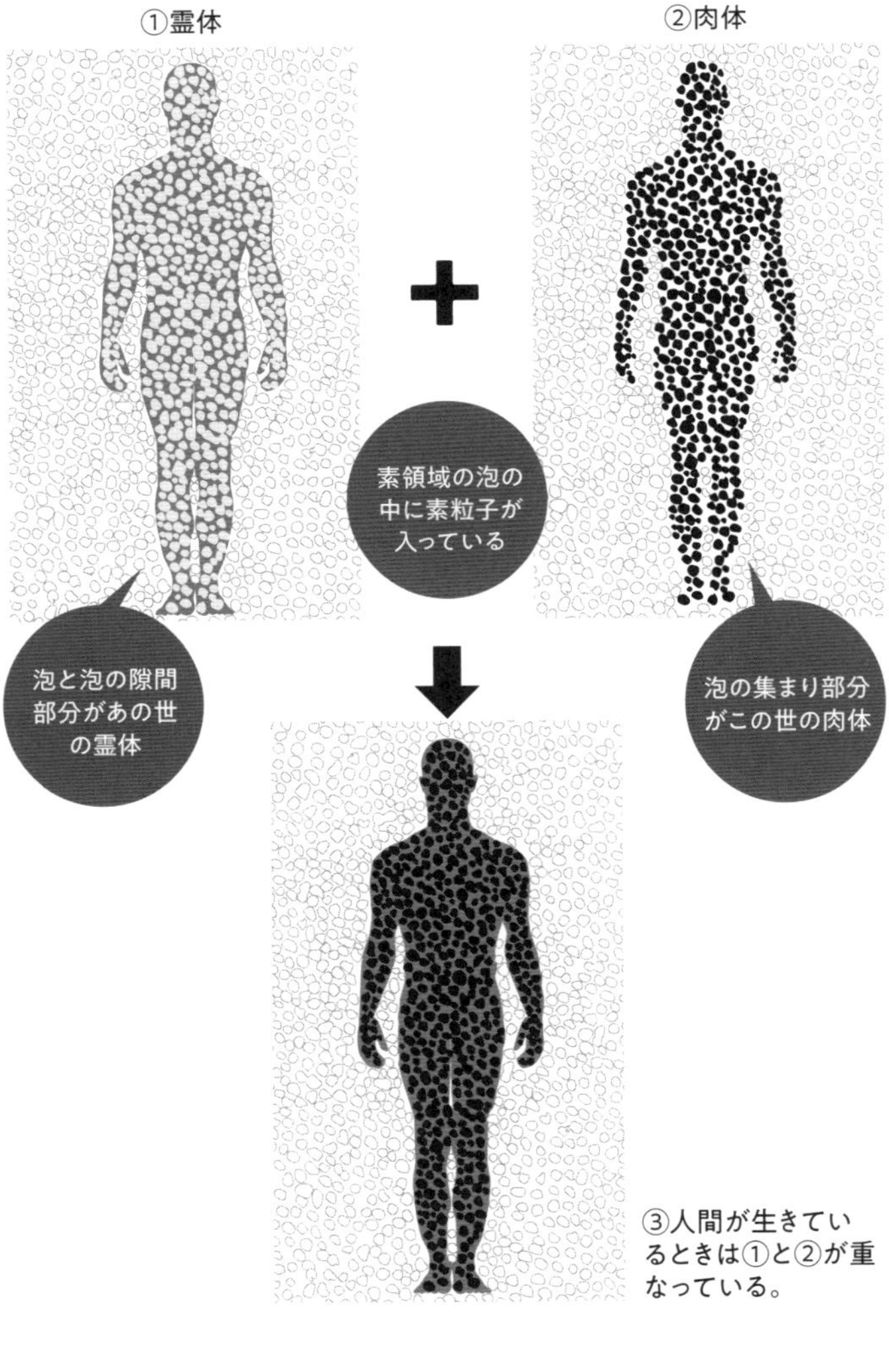

生きる目的はワンネスに新たな体験を追加すること

どんなにこの世に素晴らしい貢献をした人も、悪行の限りを尽くした人も、人生の最後に「ただいま」でチャラになってしまうのなら、いったい何のために生きるのだろう？

そんな疑問を持つ人も多いはずです。

僕が死亡体験で体験したあちらの世界は、一言で言って、牛乳のような「真っ白い世界」でした。

死の淵にいた瞬間、赤土でつくった赤レンガのブロックの中にある小さな気泡の中を移動していて、そこに牛乳がスポンジのようにじわじわとにじんでいき、赤土の色が少しずつ白に変わっていくのです。

赤土に白がにじんでいくことは、光が差してくるような感じであり、いわれもない幸福感と安堵感に包まれるのです。

でも、完全に真っ白になった＝やっと向こうの世界に着いた、と思った途端にビデオが高速の逆回転で戻るように、真っ白い世界からまた赤土の世界に戻ってきたのです。

そのときのイメージとしては、死ぬと「土に還る」ということを体験しているようでした。

死んだ先には白い世界＝光の世界があるのですが、その白い世界こそ、単一なる世界、いわゆるワンネスだったのです。

このワンネスの白い世界には、人間や動物などすべての生命体の体験が記録されていることがわかりました。

つまり、人はひとつの個体として生きた後、この白い世界に自分が成した体験や得た情報を追加しに戻るのです。

そこには、すべての魂が体験したあらゆる情報が蓄積されているので、そこから再び出てこの世界に戻ってきたときに、他の魂の記憶を憶えていることもあります。

それが、前世の記憶のような形で「自分は豊臣秀吉だった」とか「私はクレオパトラだった」というような発言になったりするのです。

それは必ずしも、輪廻転生の中で豊臣秀吉やクレオパトラの人生を生きた、というわけではないのです。


基本的に、人間が生きている理由は、この人生で体験した情報をワンネスに戻すことです。

そのために、「何をすればいいんだろう」と考える必要もありません。

あれこれ考える必要もなく、神にすべてを任せて、ただ生きていればいいのです。

なぜなら、人はあれこれ考えなくても、放っておいても、無意識でその人のやるべきことをやっているものなのです。


たとえば、電車に座っていて、目の前にお年寄りがやってきたとします。

すると、席をゆずる人は、もう、無意識にさっと立ち上がってそのお年寄りに席を譲るはずです。

一方で、「どうしようかな。譲ってあげたいけれど、ちょっと恥ずかしいな。人が見ているかな……」などと考える人は結局悩んだあげく、席を譲るタイミングを逃したりするのです。

つまり、その人は結果的に席を譲ることはしないのですが、そこに正しいとか間違いなどというジャッジなどもありません。

極端な例ですが、最近は物騒な事件がよく起こります。

少し前に学校に通う子どもたちが通り魔に刃物で襲われて、子どもの父親がそれを防ごうとして刺されて死亡するという痛ましい事件が起こりました。

このようなニュースを目にすると、誰もが、「なんてひどい！　神様がいたらこんなことを許すはずがない！」と思うはずです。

しかし、神は正義や善悪を司る裁判官のような存在ではなく、神はただこれまでにない体験を増やしたいだけであり、神がもし人間に望むことがあるのなら、「今まで見たことも聞いたこともない情報を持ってきてほしい」ということなのです。

神の法則は、物理学の法則における、「エントロピー増大の法則」と同じです。

エントロピー増大の法則とは、物事は放っておくと、だんだんと乱雑に無秩序になっていく、というものであり、一人の人間も自然現象の中で無秩序に増大するひとつのコマであり、そのカオスな流れの中に生きているのです。

先ほどの例を挙げれば、痛ましい事件で子どもを守ろうとして亡くなってしまった父親は、その場で悩みもせずに、ただその瞬間に無意識に防御という行動を起こしていたのです。

もし、そこで一瞬でも彼が頭で考えて悩んでいたら、違う流れになっていたはずです。けれども、そんな行動はこの彼にはありえなかったのです。つまり、彼はこの流れで生きる人生の中にいただけなのです。残酷かもしれませんが、このことを悲しいことである、とするのもまた違うのです。

人は自我意識があるので「人生には夢や目標が必要だ」とか「自分は人生を選択して生きている」と思うかもしれませんが、実は、神の作った流れの中で、自分も神の一部分であり、ひとつのコマとして動いているだけなのです。

ただ、新しい体験・情報を白い世界に戻すために、生きているのです。

なぜ自死はいけないのか

さて、生きているときに悪の限りを尽くした極悪人でさえ、「ただいま」とさえ言えば天国へと召されるのに、自死の場合はそういうわけにはいきません。

それは、なぜなのでしょうか？

実は、自殺をすると魂が消滅してしまうことになり、死後の世界に雄飛できなくなるのです。

これは宗教観からの考えではありません。

自殺の場合は魂が素領域を出てワンネスへ戻り、また戻ってくるというメカニズムが働きません。

というのも、自殺の場合は、自分で自分の霊魂を切り離すために、自分からワンネスとのつながりを断ってしまうことになるのです。

つまり、魂がワンネスへと戻って、そこからまた素領域と素領域の間の隙間へと返ってくるという一連の流れがもう成立しなくなるのです。

たとえば、この世に思いを残した人が死んで浮遊霊になったとしても、いずれはワンネスへと戻っていくことは可能ですが、自死は浮遊霊にすらなれないのです。

なぜなら、霊魂自体が閉じてしまい、この世とあの世をつくる体系のすべての外に置かれてしまい、置いてきぼりになってしまうのです。

要するに、魂がブラックホールみたいな別の宇宙に入り込んでしまうのです。

それも、〝別の宇宙〟といえるかどうかさえもわかりません。なぜなら、もはや、宇宙の秩序の外に置かれてしまうのですから。

素領域理論においての生と死の関係でもわかるように、自殺をすると万物の法則である巡りゆく生命の雄大な流れから隔離されるだけでなく、宇宙という一連のシステムから無視されてしまうことになるのです。

考えてみれば、動物たちの世界には自殺はないのです。弱肉強食の中で捕食されても、それは自死ではありません。

樹木や植物は枯れたり、花だって人に摘まれたりして生命は絶たれても、それは決して自死ではないのです。

自死は、自然の摂理に反する人工的な動きなのです。

人間だって、たとえ予期せぬ突然の事故死で命を落としたとしても、それも宇宙の法則の中にある神の秩序の動きのひとつなのです。

宇宙の理《ことわり》を俯瞰すると、神の秩序のままに粒子たちがうごめく中で、動きを止めたひとつの黒い点になってしまうのが自殺なのです。

それは、うごめく細胞たちの中でがん細胞がひとつあるようなものだといえるでしょう。

どこまでが自殺？　という論争について

「自死は許されない」と言うと、次のような質問をしてくる人がいました。

「では、ひどい拷問を受けていた人がいるとして、その拷問に耐えられずに自殺するのも許されない死になるのか？」

という質問です。

この場合、拷問をしてくる相手、それを受ける自分という二者における関係性があるところがポイントになると思われます。

要するに、相手からの拷問という暴力的な行為を受ける闘いの中で、相手に対する最後の抵抗として自殺をするのは、霊魂を自らがあえて切り離すことにはなっていない、と思われるのです。

つまり、この場合は相手に殺された、という考え方ができるのであり、自分を助けるのはもう自分が自殺という手段を使うしかない、という場合は自殺とはいえないのです。

同様に、アメリカのＮＡＳＡが行った月への有人宇宙飛行計画として知られている「アポロ計画」のケースも同じ考え方ができるでしょう。

宇宙飛行士たちは、月面着陸ができたとしても、その後、地球に戻ってこれない状況に陥った際、つまり、月に取り残されるような状況になった際に飲む薬を持たされていました。それは、痛みもなく眠るように息を引き取ることができる薬です。

宇宙飛行士は、薬を飲んでも、飲まなくても結果的にいずれ死んでしまう運命にあるのです。

このような、どちらにしても同じ結果になってしまう場合には、やはり自殺とはいえないと思うのです。

なぜなら、このケースにおいて、自らがこの宇宙の秩序を断ち切っているわけではないからです。

本来なら人間は自殺はできない——自殺と悪魔憑きの関係

個人的には、すべての大前提として、本来なら人間はそもそも自殺をすることはできないのではないかと思っています。

つまり、人間は自殺をするようには生まれていない、ということです。

ロボットは、自分自身を殺すようにはプログラムされていないし、前述のように自然界のすべての生き物である動植物にとっても自殺という概念は存在していないからです。

となると、人間も同じ生き物として、自殺するようには生まれてきていないのではないでしょうか。

でも、現代社会では自殺をする人がいます。

それは、なぜでしょうか？

僕は、人は〝魔に差されたとき〟に自殺をするのではないかと考えます。

今、日本の自殺者は減少傾向にはあるものの、それでも年間２万人以上が自殺をしていて、特に若年層に限ると、日本は先進国の中でも自殺大国として知られています。

それではここで、イタリアに目を向けてみましょう。

カトリックの総本山のバチカンを取り囲む国、イタリアでは悪魔に取り憑かれる人が年間約3万人といわれています。

この3万人は、医師が精神の病ではなく正式に悪魔憑きだと認めた件数です（精神の病との区別は、憑かれた人は聖水など聖なるものを嫌うことで判断しているそうです）。

このイタリアの3万人という数字と日本における自殺者の2万人という数字が、少し近いものであることに気づいた人もいるのではないでしょうか（対人口比で見ると、イタリアの人口は日本の約半分ではあるものの）。

もちろん、日本でも民間信仰レベルで悪霊に取り憑かれる、という考え方は存在しています。

けれどもイタリアでは、古くから宗教的、文化的にエクソシズム（悪魔憑き）という概念が発達しており、多くのエクソシスト（悪魔祓い師）たちが職業として社会でも認められている国なのです。

そういう意味において、もし、本来ならあり得ないはずの自殺というものに追い込まれている人がいるのだとしたら、その人は悪霊に憑かれているという考え方もできるのです。

かつて、僕の知り合いに天才的な若い数学者がいましたが、彼はある日突然、地下鉄に飛び込んで死んでしまいました。

彼は、若くして世界的な業績を上げていた人で、完全に明るい未来が約束されていたのです。

死ぬ理由などまったく見つからないような人だったことから、彼の死には周囲の誰もが驚き、唖然としたのを憶えています。

実際には彼のケースが悪魔憑きであったかどうかはわからないものの、こんな突発的な〝魔が差す〟ような死に方には、悪霊のしわざと呼ばれるケースも多いのです。

だから、〝死にたい〟という思いが湧き上がってくる人、そんな思いにさいなまれるような人は、悪霊に憑かれている、という場合もあるかもしれません。
もしそうなら、イタリアでは除霊をして人々を救うエクソシストたちが活躍しているように、除霊さえすれば、そんなネガティブな思いや衝動からは決別できるのかもしれません。

悪魔祓いという概念が浸透することで、自殺が頭をよぎる自殺予備軍たちの自殺を思いとどまらせることも可能だといえるでしょう。

なぜなら人間は、もともと自分を殺す、ということはできないはずなのですから。

自我意識から抜ける「ただいま」は、あっさりと言う

さてここで再び、「ただいま」という言葉に戻ってみたいと思います。
では、どうして「ただいま」という言葉でないとダメなのでしょうか。
自我意識にまみれた人間は、ワンネスに戻っていくときに、エゴから自分を切り離すた

めにも「ただいま」という言葉が必要なのです。

だから、「ただいま」も心を込めた言い方ではなく、あっさりとした無機質な「ただいま」であるべきなのです。

そう、まるで不良のお兄ちゃんが言うようにそっけない言い方がベストなのです。

そんな話をしていたら、ある知人が太平洋戦争末期に陸軍の特攻基地があった鹿児島の知覧の「知覧特攻平和会館」を訪れたときのことを語ってくれました。

ご存じのように、館内には「陸軍特別攻撃隊員」たちが出撃前に両親や家族、大切な人たちに遺した手紙が展示されています。

展示されている遺書のほとんどは、両親への感謝や家族への思い、国を思う気持ちを書いた涙なしでは読めない感動的で重厚な手紙ばかりですが、その知人の目に留まったのは、ある特攻隊員の「お母さん、ちょっと行って参りますね（実際の原文は不明）」というようなカジュアルでさらりとした手紙だったそうです。

決死の覚悟で死に向かって旅立つ人なのに、その重々しくない一言があまりにも印象的で、他の手紙と比べて逆に心に残ったと言っていました。

母親を心配させたくない思いがあったからなのか、そのまるで、「ちょっと近所に行ってきますね」みたいな表現に心を打たれたとのことです。

死ぬときは、思いをこの世に遺しすぎても浮かばれない、そんなことをこの特攻隊員は魂のどこかで理解していたのかもしれません。

エゴが少ない動物には「ただいま」もいらない――でも、突然の事故死は例外

ちなみに、人間にとっての死と動物にとっての死はかなり意味が違うと思われます。

人間よりもエゴの発達していない動物には、死という概念さえないかもしれません。

動物にとっての死とは、ある日、ただ、疲れたので横たわって眠る、という自然な行為がそのまま死につながっていたりするだけかもしれないのです。

考えてみれば、宇宙の理《ことわり》の中で生きている自然界の動物は、「ただいま」という言葉さえも言う必要はないのです。

もちろん、動物も事故などによる突然の死を迎えた場合は、人間のように混乱はするようです。

僕の知り合いで、難病指定の循環器系の病にかかっていた知人がいるのですが、彼は、かつてＵＦＯにさらわれて宇宙人に病気を治してもらったという奇特な人です。

彼は、宇宙船の中で宇宙人に耳の奥に器具か何かを入れられたことで、耳から血が出たことを憶えているらしいのですが、それによって、すっかり難病が治ったそうです。

そして、その出来事がきっかけになり、人の心が読めるようになってしまったそうです。

とはいえ、人の心の声がそのまま入ってくることは彼にとっては困ったことでもあったことから、都会の人混みの中で働くのではなく、林野庁が所管する自然の多い営林署で働くことになりました。

ある日、彼は勤務中に、道路に飛び出してきた猫を車が誤って轢《ひ》いた場面に遭遇します。その猫は、傷ついていて、もう息も絶え絶えの状況だったとのことです。そこで彼は、道路の上に横たわっている猫の手当てをしようと、スコップや段ボール箱を持って猫の元に近づいたそうです。

すると、命を落とす寸前の猫は強打から頭痛で頭がガンガンしていたらしく、その痛みと苦しみがそのまま彼にも伝わってきたそうです。

続いて、猫の気持ちが突然、彼の心に入ってきたのですが、なんと、猫は、「ちくしょー！いったい、何がどうなっているんだよ！　何で俺がこんなことに〜！」と死を目の前にしてパニックになり混乱していたらしいのです。

宇宙のリズムで生きている自然界の動物たちにとって、自然に死を迎える際には、「ただいま」さえもいらないわけですが、こんなふうに事故などで突然死をしてしまう動物には、もしかして、「ただいま」が必要なのかもしれません。

もちろん、このことを動物たちに教える術《すべ》はないわけですが。

この友人の体験談を聞くと、自然界のすべての動植物を含む生命体にも、いくら人間よりエゴが少ないとはいえ、それぞれの〝思い〟があることがよくわかります。

だから、樹木を伐採するときには樹木は痛みを感じていることを理解し、草花を摘むときには、きちんと感謝をして摘むべきであることを覚えておきたいと思います。

天国へ行けない人は地縛霊になる!?――知人の前に身体を持って登場した彼女の元カレの霊

「では、〝ただいま〟が言えなかった人はどうなるんですか？」

そんな質問を受けることがあります。

人は、身体がなくなると霊魂のみになって、真っ白いおおもとへと還っていくことになります。

しかし、良くも悪くも、思いを残しすぎた人や自分が死んだことが理解できない人は、真っ白いおおもとへは還っていけないので、地縛霊となってしまうことも多々あります。

素領域理論でもご説明したように、あの世とこの世は、それぞれの素領域の泡の表裏でつながっているので、天国に行けなかった霊魂たちは、この世のすぐ側でふわふわと浮遊してしまうのです。

それが、いわゆる幽霊と呼ばれる存在であり、たまにそんな存在たちが人間に悪さをしたりするのです。

かつて知人と幽霊の話になったときに、その知人が「ああ、僕にも幽霊の知り合いならいるよ！」と言ってこんな話をしてくれました。

その知人が大学生の頃に付き合っていた彼女には、その知人と付き合う前に交通事故で亡くなった元カレがいたそうです。

ところが、その元カレは彼女への思いが強すぎて天国へ行けずに、死んでも霊になって彼女の側から離れないらしいのです。

特に、元カレの霊は、彼女が自分の死後に新しい彼氏と付き合いはじめたものだから、心配でいてもたってもいられません。

知人が彼女に手を出さないようにと、彼女の身体の中に入って二人の仲を邪魔しようとしましたが、なかなか上手くいかず自分のことに気づいてもらえません。


実際に、その知人が元カレの霊から教えてもらったところによると、霊になった場合、人の身体の中に入り込むのはかなり大変なのだそうです。

余談ですが、イヌやネコなどの動物の身体に入ることもむつかしいそうですが、なぜか、虫などには何十匹分もの身体に、一度に入り込めるらしいのです。

とはいっても、虫の身体の中に入ってぶんぶんと彼女の周囲を飛んでみても、自己アピールなどはできません。


その元カレの霊は、「とにかく、彼女に自分のことに気づいてもらわなければ、彼女を守り切れない！」と必死で物質化現象を試みようと努力しました。

そしてついに元カレの霊は、死ぬほどのエネルギーを結集して（実際には、もう死んでいるのですが）、自分の物理的な身体が入る鋳型、つまり、彼の身体のひな型をつくり上げることに成功しました。

すると、いったん空間の中にひな型ができると、空気中に存在しているあらゆる元素がひな型にポンポンポンと吸い込まれるように集まってきて、物理的な人間の身体が出来上がったそうです。

その身体は幽霊の話によく出てくる半透明の身体ではなく、きちんと目に見える物理的な身体になれたそうですが、これぞ、まさに素領域の考え方を裏付ける一連の動作です。

こうして彼は、ついに念願が叶《かな》い、身体を持った人間として彼女の前に現れることになりました。

彼女の部屋に死んだ元カレがボン！と登場したことで、彼女が腰を抜かしたのは言うまでもありません。

ところが、そこからが面白い展開なのですが、その幽霊の元カレは知人から彼女を引き離して守るはずだったのに、なぜか知人と気が合って意気投合すると、彼女も入れて三人で仲良くなったのです。

そういうわけで、幽霊と友達になった知人は、元カレが死後に奮闘した自分を物質化する話なども、元カレ本人から聞くことになったそうです。

そんなある日、三人でいつものようにおしゃべりをしているとき、「ちょっと、三人で記念写真を撮ってみようじゃないか」という話になって写真を撮ってみたことがあったそうです。

すると、幽霊の元カレも、きちんと普通の人間のように映っていたのですが、なぜか手の先だけがガイコツの状態で映り込んでいたそうです。

それを二人に指摘された幽霊の元カレは、「あ、ほんまや、あかん！　また、執念で物質化しないとな～！」などと言っていたそうです。

こんな笑い話のような話も、素領域理論を理解していれば、自然に「確かに、こんなこともありえる！」と思えるのです。

あの世とこの世を行き来していた祖母

思えば、祖母もあの世とこの世を常に行き来しているような人でした。

小さい頃、実家では本家の長男として育った僕は、一家では一番可愛がられ、優遇されて育ちました。

そんな僕がある日、食事の際に何も考えずに食卓の食事に手をつけようとしたら、祖母に怒られたのです。

「こら！　おじいちゃんがまだだよ！」

実はその日は、仏壇にあるご先祖様のお膳がまだ整っていなかったのに、僕が先に食事に手をつけようとしていたのです。

やはり祖母にとっては、すべての順番は祖父が先でありその次が僕なのです。

祖母は、祖父のための食事も、仏壇に形式的にお供えするようなものではなく、僕たちが食べるものと同じ食事をお供えしていました。

祖母はまた、いつも祖父に話しかけたりして、まるで祖父が近くにいるかのように接していました。

そんな祖母を見ていた僕が今思うのは、祖母はきっとこの世に生きていた僕たちだけのためではなく、あの世にいる祖父のためにも生きていたんだろうな、ということです。

母親代わりだった祖母は僕の世話で毎日忙しい日々を送っていましたが、同時にあの世にいる祖父の世話もしていたのだろうと思います。

きっと祖母はこの世とあの世の境に生きることで常に両方の世界に存在していて、祖母の中では常にふたつの世界が混ざり合っていたのかもしれません。

祖母は眠る前にいつも「ああ、極楽、極楽」と言っていたことはお伝えしましたが、もしかして、「寝ることは極楽のようだ」という意味ではなく、「眠りについたら、今度は極楽へ行っておじいちゃんと会うんだよ」、という意味だったのかなとも思っています。

祖母は、眠りから覚めて起きているときは僕たちの世話、そして、寝ているときは祖父の世話と24時間フル回転で働きどおしだった人だったのかもしれません。

第3章　なぜ、孤独死であるべきなのか?

なぜ、人は一人で死んでいくべきなのか

今、「孤独死」は、社会問題としてメディアで取りざたされています。

孤独死とは、「一人暮らしの人が誰にも看取られずに、自身の住居で突発的に死亡すること。特に、疾病などが重篤化したのに、その当人が助けも呼ぶことができずに亡くなってしまった状況」という意味です。

確かに、このような定義をされると、この社会の常識で考えると、「孤独死は悪いものであり、避けるべきものであり、なくすべきもの」というふうに受け取られるでしょう。

でも、僕はあえて「孤独死のススメ」を提唱し、なおかつ自分も孤独死をしたいと思います。

その理由は、一言で言うと、「周囲に家族なり大切な人たちがいると、死んでいくときに邪魔になる」のです。

人は一人で死にゆくことこそが正常なのです。

人間社会では、人が死ぬ瞬間には誰かに看取られて死んでいくことは当然であり、そうであるべきと認識されていますが、動物の世界では看取られる死は存在しません。

あの象だって自分が死を予感したなら森の奥に入って行き、自らの死に場所を探して死んでいきます。

また、集団で行動する人間に近い動物だとされるサルでも、所属する仲間のサルの集団に看取られながら死ぬことはありません。

本来ならすべての生き物は人知れず、静かに土に還っていくべきなのです。

ただ、ワンネスの中に単体としての存在で戻っていくべきなのです。

孤独死は、孤独死であり孤独死ではない

「死ぬなら、孤独死であるべき」という話をすると、なんだか冷酷な人間に思えるかもし

れませんが、実は、「孤独死とは孤独死に見えて、孤独死ではない」のです。なぜなら、人が死ぬときには、きちんとあの世からお迎えが来るからです。そして、お迎えに来た人がその人の死の瞬間を見守ってくれるのです。

そんなことを説明してくれる、あるエピソードがあります。

かつて、大学で僕の助手をしてくれていた若い女性がいたのですが、彼女のお祖母さんが静かに一人で自宅の自分の部屋で息を引き取ったそうです。

実は彼女のお祖母さんは、もうずっと寝たきりで床についていた人でした。けれども、彼女の両親は同じ家に暮らしながら、お祖母さんの最期の瞬間を看取ることができなかったことを大変悔やんでいました。

というのも、お祖母さんは亡くなる前の日まで、まだ普通にきちんと意識もあったことで、家族はまさか突然、お祖母さんが次の日に息を引き取るとは思ってもいなかったのです。

彼女の母親は、お祖母さんが亡くなる前日にお祖母さんの部屋に様子を見に行ったところ、お祖母さんにこう言われたそうです。

「そこにお客さんが三人来ているから、座布団を出してあげてちょうだい」

けれども、母親はあたりを見回しても誰もいないので、「何を言っているんだろう……」と思い、座布団は出さずにそのまま部屋を後にしていました。


翌日、彼女の母親がお祖母さんの部屋に行ってみると、お祖母さんはすでに息を引き取っていたのです。

そして、部屋を見渡すと、不思議なことに座布団が三枚並べて敷かれていたのです。

当然ですが、お祖母さんは寝たきりの人だったので、自分では立ち上がって座布団を敷くことはできないし、他の家族がお祖母さんの部屋に入って座布団を敷いたわけでもありません。


では、誰が座布団を敷いたのでしょうか？

きっと、あの世からお祖母さんをお迎えに来た三人が、自分たちで座布団を並べて敷いて座っていたのです。

彼女の家族一同は、お祖母さんの死に際の瞬間に立ち会えなかったことを悔やんでいましたが、お祖母さんにとってみれば、自分が旅立つときには、逆に誰もいない環境が必要だったのです。

もし、家族たちがお祖母さんの布団の周りを取り囲んで心配しながら、もしくは、泣きながらずっと共に過ごしていたら、お迎えの人たちはお祖母さんの部屋に入ってくることができなかったでしょう。

そして、お祖母さんは逆に〝正しい形〟でその瞬間を迎えられなかったはずなのです。

お迎えの人の案内で旅立つ死は、決して一人で寂しく死んでいく孤独な死ではないのです。

死ぬときに流れる音楽はラヴェルの「ボレロ」!?

では、「正しい旅立ち方」とはどのようなものなのでしょうか。

かつて、先述の助手の話をスピリチュアルの世界を知り尽くしていた故・葦原瑞穂《あしはらみずほ》さんにしたところ、彼がこう言いました。

「そうなんですよ。死ぬことは、決して寂しく悲しいものではないんです。それにね、生まれてくるときだけが喜びなのではなくて、死ぬときだって喜びだし、楽しいものなんですよ。実は、誰もが生まれてくる瞬間と死ぬ瞬間に鳴る音楽があるんですよ」

と言って、葦原さんはその場で口笛を吹きはじめました。

その曲は、誰もが必ず一度は耳にしているであろう有名な曲でした。

その楽曲は、フランスの作曲家、モーリス・ラヴェルが作曲した有名な曲、「ボレロ」でした。

この曲は、同一のリズムが延々と繰り返される中、ふたつのメロディが同時に繰り返されるユニークな構成の楽曲で、バレエ舞曲としても広く知られています。

当然ながら、このボレロの曲は、この世で生きている僕たちの耳には実際には聴こえることはありません。

しかし、誰かが迎える誕生と死の瞬間には、あちらの世界では高々と鳴り響いているのだそうです。


頭の中で、この音楽を再現しながら人が旅立つ瞬間をイメージしてみました。

ご存じのように、ボレロは、メロディが繰り返されながら次第に大きく鳴り響いていく曲であり、クライマックスに向けてさらに荘厳さを増していきます。

人が死にゆく瞬間に、お迎えの人がやってきて彼らのサポートのもと、ボレロの音楽が鳴り響く中、肉体を脱ぎ捨てた魂は、この世からあの世へ続く花道を威風堂々と胸を張って戻ってゆくのです。

このシチュエーションこそ、まさに〝孤独死〟とは正反対の歓喜の凱旋パレードではないでしょうか。

それは、あの世からすれば、ヒーローが帰還するときのお祝いのテーマソングのようなものなのです。

ちなみに、どんな人にもこのボレロの曲は流れるのだそうです。

偉業を成し遂げた人だけでなく、どんなに極悪人やダメダメでつまらない人生でも、また、最期は野垂れ死にをするような悲惨な死を遂げた人にも、必ずＢＧＭとして流れるのです。

また、どんなに平凡で陳腐な人生でも、決して同じ体験はないので、そういう意味では誰もがヒーローに値するのです。

特に、誰もがやったことがない体験を成し遂げた人は価値があるとされているので、そんな魂が戻っていくときの花道は、より祝福されたものになるのです。

この世のスタンダードでは事件を起こした極悪人も、あの世のスタンダードからすれば新しい体験＝新しいデータとなり、「お前、すごいな。こんなことをやったのか！」という評価になるのです。

きっと、ボレロの音楽と共にホログラム状のスクリーンでは、その人の人生が走馬灯のように映し出されているはずです。

「この人はこんな新たな体験を今回、こちらに持ち帰ってきましたよ」という意味を込めて。


葦原さんは、こうも続けていました。

「きっとラヴェルは、その音楽が実際に彼の耳に聴こえていたんだろうね。だから、この曲を音符に落として作曲したんだよ」

要するに、ラヴェルのボレロがあの世で〝採用〟されたのではなく、もともとずっとこの曲は使われていたものをラヴェルが採譜してくれたのです。

冠婚葬祭という言葉がありますが、死もまたひとつのフェスティバルです。

チベットのラマ教のある村のお葬式は、皆でにぎやかに盆踊りのようなものを踊りながら、明るく死者を送り、寂しさなどは微塵《みじん》もないそうですが、本来なら葬儀なども暗いものではないものであるべきなのです。

そう考えると、死ぬことだってまったく怖くないし、逆に、楽しみにさえなってきませんか。

僕は孤独死を選んでお迎え付き、ラヴェルのボレロの音楽付きという〝フルオプション〟であの世に戻っていきたいと思います。

ぜひ、あなたも世の中の常識に合わせたり、人に合わせたり、誰かの期待に応えるのではなく、〝わがまま〟、つまり〝我のまま〟である好き放題の人生を生きてほしいと思います。

それが、あの世からのお迎えが「よくやったね！」と一番喜んでくれる生き方だからです。

モーリス・ラヴェルが作曲した「ボレロ」があの世へ旅立つ際に高らかに鳴り響くという

キリストさえも見守られて死ぬことに憧れた⁉

実は、あのイエス・キリストさえも孤独死ではなく、家族に見守られて死にたいと憧れたのです。

当然ながら、それは間違いであったと最後には気づくのですが、そんなイエスの人生を描いた映画があります。

巨匠マーティン・スコセッシ監督による『最後の誘惑』(1988年・アメリカ映画。作家ニコス・カザンザキスの小説を映画化したもの)は、イエスを神の子という特別な存在ではなく、悩める一人の普通の人間として描いた映画です。

かつて僕は、この映画を単館映画として上映されていた小さな劇場で観る機会がありました。

というのも、この映画はイエスとマグダラのマリアのラブシーンがあっただけでなく、普通の人間として死んでいく誘惑があったという設定のために、キリスト教の関連団体から反対されて物議を醸し、世界中で上映禁止になったために、ひっそりと単館映画として上映されていたのです。

映画の中でイエスが十字架にはりつけになった際、イエスは神に「なぜ、私を見捨てるのですか！」と助けを求めると、一人の天使が登場してイエスを十字架から解き放ちました。

その後、命を救われた彼はマグダラのマリアと結ばれて、マリア亡き後も再婚して子どもにも恵まれ一人の平凡な男として生きるという世俗的な人生を選択したのです。

そして、老衰したイエスが家族に囲まれて死の床につき、まさに死なんとする瞬間に、かつての弟子ユダが登場し、ユダから「あなたの人生はこんなものだったのか！」と罵られるのでした。

イエスは、「ユダよ。私はあのとき、ゴルゴダの丘で神の思し召しで天使に助けられて、人として幸せな人生を歩めたんだよ」と言うと、ユダが「これが天使に見えるんですか！」とそこにいた天使を指さすと、悪魔の姿に変わったのです。

それを見て、これまでの過ちに気づいたイエスは、「私を救世主にしてください！　どんな苦痛にも耐えます」と宣言し、その瞬間に映画のシーンは、ゴルゴダの丘で十字架にはりつけにされていた姿に戻ります。

そして、「神よ、救われました。ありがとう」と救世主として死んでいくのです。

実際には、映画の中ではこのセリフは英語で「I am accomplished（私はやるべきことを成し遂げました）」というセリフになっていました。

けれども、本来なら「I am back（ただいま）」であるべきだったといえるでしょう。

ちなみに、この映画はもちろんフィクションであり、孤独死の是非を問うテーマを扱っているわけではありません。

でも、あのイエス・キリストでさえ、自分の幸せが老いて家族に見守られながら死んでいく、というものだったところに僕は着目したのです。

つまり、そんな死に方こそが普通の人間の幸せの象徴として描かれているということであり、同時に、最後にストーリーは大逆転して、彼は救世主として一人で死んでいく、そしてそれが彼にとっても最も幸せな死に方だった、というところがポイントなのです。

「看取ろう」とすることはエゴになる？

「看取り士」という言葉を聞いたことはありますか？

「看取り士」とは、人が亡くなる際に、おだやかで幸せな死を迎えられるように、その人の最期の瞬間まで寄り添う人のことです。

看取り士とは、旅立つ人を〝看取る〟ことをとおして、その本人や残された家族たちに死というものをポジティブに捉えてもらいたいという意図のもとで活動しています。

僕の知人の女性が岡山を拠点に、この「看取り士」を組織化して、「看取り士」を養成する講座を開いたり、研修を行っており、現在では学会なども開かれるようになったり、職業として看取り士を目指す人たちも少しずつ増えてきたようです。

では、看取り士の方は、どのように旅立つ人を看取っているのでしょうか。

実際に、彼らは身寄りのない人から家族のある人まで、旅立とうとする人を抱きかかえて、亡くなるまさにその瞬間まで目を見つめてあげるらしいのです。

その知人が、ある人を看取った際の不思議なエピソードを話してくれました。

彼女がある男性を看取っている最中、看取られている方は死の淵にいる苦しみからか、ずっと険しい顔をしていたとのことです。

けれども、看取り士は、そんな彼に対してもあえて声をかけることをせずに、ただ抱いてあげてその人の顔を見つめてあげていたそうです。

するとある瞬間に、その人の顔の周囲にたくさんの「愛」という漢字の文字が突然現れたので、その文字のひとつに視線をやると、愛という文字が光に変わって空間に溶けていったらしいのです。

その瞬間、険しかった男性の顔がふっとおだやかな顔に変わったと思ったら、ちょうどその瞬間がご臨終だったそうです。

その話を聞いたときに、なんて素敵な話だろうと思ったものです。

でも、僕の考え方では、やはり死ぬときは一人であるべきだし、一人のほうがいいのです。それが宇宙の理だからです。

自然界における死は、常に単体としての死があるのみです。

亡くなる人を看取るという行為は尊いといえるかもしれませんが、これも、「看取ってあげないといけない」という看取る側のエゴに基づくものであり、押しつけでしかないのではと思うのです。

そして、その二者の関係性において、「看取られたい」という人たちを引き付けてしまうのです。

自然の摂理において、本来なら人間の死であっても放っておいてもいいものであるべきであり、自宅であれ病室であれ、人に見守られながら、というよりもひっそりと死んでいくべきなのです。

「あの世カレッジ」の若者たちとの出会い

さて、最近はこんなふうに「孤独死のススメ」を説いているからか、同じ考え方をする人たちが自然と僕の周りに集まってきました。

ある日、某イベントで偶然に出会った若者と会話をしていました。

彼らは、命が産まれる「誕生」という部分にフォーカスした活動をする「バースカフェ(Birth Café)」にヒントを得て、「死」にフォーカスする「デスカフェ(Death Café)」みたいなものをやりたいと、「あの世カレッジ」をオープンする計画を話してくれました。

デスカフェ自体は、もともとはスイス人の社会学者であるバーナード・クレッタズ博士が約10年前にはじめた活動です。

これは、お茶やケーキを楽しみながらリラックスした雰囲気の中で、皆で死についてカジュアルに語り合うというもので、今、欧米では静かなムーブメントになっています。

日本でも近年、お寺で僧侶の案内の下で自ら棺桶に入って死を疑似体験してみたり、葬儀場でも同じように入棺したり、自身の遺影を撮影するような体験を行う活動が増えてきました。

こういったイベントには、スピリチュアルなどにはまったく縁のない人たちが多く参加していると聞きます。

このように、生きているうちから、また、若いうちから自分の死について考えたり、死を身近なものとして捉えたりする動きが出てきているのは喜ばしいことだと思います。

特に、日本は宗教が根付いていない国です。

宗教を持つ人は死をその宗教の世界観や教義において捉えていますが、宗教観のない日本人にとって死をさまざまな側面から理解しておくことは重要なことかもしれません。

「あの世カレッジ」では、死と再誕を学ぶためにヒマラヤなどで行われている「暗闇の行（数日間暗闇の中で過ごした後で光のもとへ出てくる）」なども体験できる形で提供したいとのことです。

死に向き合い、死を見つめる「あの世カレッジ」に興味のある方は、公式ホームページ（www.anoyo369.com）をチェックしてみてください。

第4章　あちらの世界からのコンタクト

死にゆく友からのコンタクト
――【その①】稲葉耶季《やすえ》さんの旅立ち

この世とあの世はつながっている。

だからこそ、人は死んだ直後に、あちらの世界へと戻る前に縁のある身近な人のところへ挨拶を込めてやってくる場合があります。

そんな、虫の知らせのような体験をした人も多いのではないかと思いますが、僕もその一人です。

亡くなった友人が会いにきてくれたその瞬間は、自分では確証はないのですが、後で思うと、「ああ、あのときは、やっぱりあの人が来てくれていたんだな」と確信が持てたりするものです。

そんなエピソードを幾つかご紹介したいと思います。

まず、一人目は、『食べない、死なない、争わない（人生はすべて思いどおり）――伝説の元裁判官の生きる知恵』（マキノ出版）の著者でもある故・稲葉耶季《やすえ》さんです。

東大卒のエリートで裁判官でもあった彼女は、退官後は大学教授を経て臨済宗の僧侶にまでなった方で、不食や瞑想を実践したり、ヒマラヤに学校を建設したりなどの慈善活動にも奔走されていた女性です。

そんな稲葉さんとは、彼女の生前に何度か対談をする機会もあり、僕との共著で『神と人をつなぐ宇宙の大法則（理論物理学vs仏教哲学）』（マキノ出版）を出版したこともありました。

僕の苗字が「保江《やすえ》」であり、彼女の名前も、偶然にも教会の牧師の娘さんとして生まれたことで「イエス」にちなんで名付けられた「耶季《やすえ》」（イエスは、ヘブライ語でイェシュアという音になる）」ということで、同じ「やすえ」同士、意気投合することになりました。

ちなみに、これまで僕も、〝すわ万事休す〟という状況に陥ったときにいつも奇跡的に見えない力によって助けられてきた人生を送ってきたことから、二人して、「〝やすえ〟という名前だから、神様が助けてくれるんだね」などと話していたりしたものです。

そんな彼女とは、偶然に町でばったり会ったりすることもあり、その流れで食事に行ったりするなど親交を深めていたのです。

とはいっても、そこまで頻繁にお会いする機会もなかったことから、彼女がその後、がんを患っていたことなどはまったく知らず、お元気で活躍されているものだと勝手に信じていました。

けれども、晩年にがんを患った彼女は、治療を拒否すると天命で生きることを選び、さらに忙しく余生を生きていらっしゃったようです。

特に、３・11の後は一か所に定住せず、日本各地やチベットなどを転々とされた後、最後には自身が裁判官をしていた思い出の地である沖縄で死にたいという覚悟を決めていたそうです。

ある日、そんなこともつゆ知らず、という状態だった僕に、不思議な出来事が起きました。

それは月に一度、名古屋の道場に顔を出す日のことです。

いつもは稽古の後は、門人たちと食事を兼ねて飲みに行くのが習慣になっていたのですが、なぜかその日に限って、いつものように皆と飲みに行く気分になれなかったのです。

そこで、一人で道場を後にしたのですが、その日も皆と食事に行く予定にしていたために、東京へ戻る新幹線は最終のチケットを購入済みでした。

こうなったら、最終の新幹線の時間まで一人で時間をつぶさなければなりません。僕は名古屋の駅の地下街をぶらぶらと歩きながら時間をつぶしつつ、ステーキ屋さんを見つけたのでお店に入ることにしました。

お店に入ると早速二人席に通されたのでステーキのセットとビールを頼むと、ほどなくして、サラダとスープが運ばれてきました。

実は、僕は野菜が苦手なのでサラダは食べないことから、空いている相席の側のテーブルの上にサラダを置き、まずはビールが飲みたいので、スープも向かいのサラダの隣に置きました。

そして、いざ、ビールを飲もうとしたときのことです。

相席の後ろにカップルで座っている女性の髪の毛のあたりに、稲葉さんの面影が見えた気がしたのです。

つまり、相席の側に稲葉さんが座っていて、こちらを向いているように見えたのです。

もちろん、よくよく目を凝らすと、見知らぬ女性の後頭部しか見えません。

そういえば、彼女は一緒に食事をするとき、いつもスープとサラダを頼む人だったことを思い出し（彼女はもともと不食の実践者でしたが、僕と食事をする際には僕に付き合って軽い食事をしていました）、余計に彼女が目の前にいるような気がしてきたのです。

「おかしいな、目の錯覚だろうな」と思いつつ、頼んでいたステーキもテーブルに届いたことで、ビールを飲んでほろ酔いになりながら、時間をつぶしてお店を後にしました。

そこから、駅のホームに上がり、新幹線に乗り込んで自分の席に座った瞬間に一通のメールが届きました。

それは、知人から稲葉さんの死を知らせるメールだったのです。

「え!?　じゃあ、さっきは本当に稲葉さんが来ていたんだ！」

三度の死亡体験をしたことでも知られている木内鶴彦さんいわく、死んだ直後はまだ完全にあちらの世界に行く前なので、こちらの世界にいる会いたい人のところにすぐに行ける、とのことです。

稲葉さんは完全にあちらに行ってしまう前に、僕に挨拶に来てくれたのでしょう。

ちなみに、彼女は人生の後半には臨済宗の僧侶になっていたのですが、本当は黄檗宗《おうばくしゅう》の僧侶になりたかった人でした。

僕が黄檗宗の偉い方を知っていたので、いずれ、彼女を黄檗宗に転籍してあげられたらいいなと思っていた矢先の出来事だったのです。

その思いを遂げられなかったことから、せめてお墓に入るなら黄檗宗のお寺のお墓に入りたいだろうな、とは考えていました。

ところが、それがまさに奇跡的に叶うことになったのです。

幕末に岡山に生まれ白川家家臣となり、伯家神道《はくけしんとう》を伝える「和学教授所」を設立した高《たか》濱清七郎《はませいしちろう》という人がいます。

ある日、彼のお墓が東京の僕の部屋から歩いてすぐのところにある黄檗宗のお寺にあることを知り、訪れることにしたのです。

ところが訪れたお寺の方から、お墓は家族の方でないとお参りできないことを知らされます。

そこで、自分の名刺を渡して自己紹介をしてみたら、その方の姪御さんが僕の勤務していた「ノートルダム清心女子大学」へ通っていることがわかり、すぐに高濱家の親族に連絡を入れてくれて、お墓に案内していただくことになりました。

こうして無事に高濱清七郎のお墓にお参りした後、すぐ隣の墓地の区画を見ると、ちょうどお墓ひとつ分のスペースが空いているのに気づきました。

そのときふと、この空いているスペースに、自分のお墓を建てるのはどうかという考えが浮かんできました。

僕は伯家神道を継いでいることから、きっと高濱清七郎も僕が隣に眠ることを許してくれるはずだと思ったのです。

そして、そのとき、さらに頭に浮かんできたのが、「保江邦夫の墓」とするのではなく、「Yasueの墓」としたいということです。

そうすると、黄檗宗に憧れていた稲葉耶季《やすえ》さんもこのお墓に入ることができるのです。

以下は、稲葉さんの追悼会に参加できなかった僕の追悼文です。当日は、会を主催したはせくらみゆきさんが皆さんの前で読み上げてくれました。

――稲葉耶季《やすえ》さんへの追悼文――

裁判官であり弁護士であり、尼僧――そうご紹介されて稲葉耶季さんにはお目にかかりました。ところが、お生まれは東京山手教会の牧師様の娘とのことで、それだけでもその人生の多層性、奥深さに頭が下がる思いです。「耶季」というお名前は、キリストと同じ名前としてつけられたとうかがいました。キリストの名は「イエス」というのが私たちには一般的ですが、本来は「ヤスエ」という発音が正しいようです。名前というものはその人に一生涯ついて回るものです。ですから、ご両親、特にキリスト者のお父様がこの「ヤスエ」をお選びになったのでしょう。キリストと同じ人生を歩むようにという願いを込めて。

そして、やすえさんは決してその願いを裏切りませんでしたね。三度にわたる東京や岡山での長時間の対談を基にして共著の本を出させていただいたとき、活字には収まらなかった部分でおうかがいすることができたやすえさんの生き様は、本当に現代のキリストと呼ぶにふさわしいものでした。社会の矛盾に怒りさえも露わにした子ども時代、大学を出てその社会の中でもがき苦しんだ上で己と世の中を描き換えるために司法試験受験という荒れ野をさまよった半年間、そして裁判官となってからは、荒れ野で神に出会ってキリストとなったイエスのように人々に福音を説き続けてくださったのですから。

ゴルゴダの丘に十字架を担ぎ、茨の王冠による苦痛に耐えながら上ったキリストの受難は、まさに己の血と涙を絞り出したかのような人間の根源的な愛と苦しみそのものです。そんな判決の数々を読み上げた沖縄地方裁判所裁判官時代のやすえさんは、キリスト以上にその思いを味わったことでしょう。沖縄の基地問題の裏表と明暗の狭間で被害者となった側の苦しみを共有し、加害者となるまでに追い詰められた側の心の闇にまでも分け入っていくやすえさんの受難は定年退官後も続きます。祈りと瞑想の中で被害者の方々の命に寄り添い、加害者の罪を許してくださるように十字架の上のキリストの如く神に懇願するため、洗礼も受けていらっしゃったキリスト教をも超えて禅僧の道を歩んでいかれたのですから。

本当は黄檗宗に入りたかったけれどもつないでくださるお方がいなかったということで、知己を得ていた臨済宗で僧籍を得てからは、日本だけでなくインドやチベット、さらには欧州にまでも瞑想の旅足を伸ばしていかれました。そんなやすえさんが、できれば黄檗宗への宗派替えを許していただこうと考えていると知ったとき、キリストの受難とも禅僧の祈りとも無縁の生き方しかできずにいた僕にできるせめてものお手伝いと思い、黄檗宗の有力者の方に会っていただく機会を作りました。幸いにも黄檗宗は、以前は臨済正宗と呼ばれていたように臨済宗の母体となった禅宗で、臨済宗の僧籍を黄檗宗へ移すのは簡単なことだとわかり、とても喜んでくださったやすえさんの明るい笑顔が僕の心の勲章になっています。好日を選んで宗派替えの法要をと考えていらっしゃった間に体調を崩されたため、結局黄檗宗の僧籍への移行を待たずに浄土へと旅立たれてしまわれました。

今となっては、僕がお手伝いできることはもう何も残っていないのかもしれませんが、やすえさんが最後までこだわっていらした黄檗宗とのつながりだけでも未来永劫にまで遺してさし上げたいと思います。

ちょうどやすえさんが旅立たれた頃に、僕は郷里の岡山が生んだ神道家・高濱清七郎の墓を白金の住処の近くに見つけました。そのとき、仏教家・山本空外和尚の教えに傾倒していた理論物理学者・湯川秀樹博士が墓を浄土宗総本山の知恩院にあった空外和尚の墓の隣に建てたように、僕の墓も高濱清七郎の墓の隣にしようと考えたのですが、ここでやすえさんにお約束したいと思います。

その墓石には「Yasue」という文字しか彫りません。それが僕の墓だと思ってくださる方々には保江邦夫の墓に映りますし、やすえさんの墓だと思って手を合わせてくださる皆さんには稲葉耶季のお墓になるのです。

どうです、やすえさん。グッドアイディアでしょ。

しかも、そのお墓があるのは、白金にある黄檗宗のお寺なのですよ。

どうぞ、キリスト者として天使のお姿で、黄檗宗の僧侶として権現様のお姿で、僕の周りにちょくちょく出てきてくださいませんか。この世の中は、まだまだやすえさんの愛情に充ち満ちた判決を待っている僕のようなさまよえる羊達で溢れているのですから。

平成30年3月吉日　　保江邦夫

こうして偶然に導かれて、高濱清七郎のお墓の隣に稲葉さんとはお墓をシェアすることになりました。

今でもときどき、あの日、ステーキ屋さんにやってきてくれた稲葉さんは、僕に何を伝えようとしていたんだろう、と思ったりします。

でも、ひょうひょうと生きていた彼女のことだから、僕の置いた食べないサラダとスープを「あら、もったいないわね！」と言って食べてくれていたのかもしれません。

死にゆく友からのコンタクト

――【その②】葦原瑞穂《あしはらみずほ》さんからの緊急要請

葦原瑞穂さんも亡くなった際には、僕に会いに来てくれました。

第3章でもご紹介しましたが、故・葦原瑞穂さんは、日本における精神世界・スピリチュアルの世界に大きな影響を与えた方として知られています。

葦原さんが遺された、スピリチュアル界のすべてのエリアの知識を網羅したと言っても過言ではない書籍、『黎明（上・下）』（太陽出版）は、１９９８年に初版が出て以降、今でもスピリチュアル、癒し、ヒーリングの世界でプロフェッショナルとして活動している方々にとってのバイブルとされているほどです。

そんな葦原さんとは、彼の生前にＵＦＯ関係の仲間を通じて仲良くさせていただいていました。

彼は２０１６年に突然の交通事故で他界されたのですが、その際に僕は不思議な体験をしたのです。

彼が亡くなった日、僕は大阪にできた新しい超高層ビル「あべのハルカス」において、芸人さんたちと一緒に「シャボン玉劇場」という演劇に出演するというスケジュールをこなしていました。

これは、芸人さんたちに混じって本物の学者が登場する、というところに面白さと笑いがあるということで誘われたイベントであり、計三日間の興行のうち、昼の部と夜の部の二回をこなす一日だけなら、ということで引き受けたのです。

さて、お芝居に出る当日は、前日から大阪に入った僕を主催者側のスタッフが朝、9時半すぎに迎えにきてくれました。

実は、ちょうどその時刻に葦原さんはお亡くなりになっていたのです。

もちろん、そんなことも知らない僕は迎えの方と挨拶をしながら、なぜだかわからないけれど、心の中がざわざわとして、違和感のようなものを覚えていました。

会場に到着すると、少し遅れてしまったことで、監督さんやスタッフからは冷たい視線を浴びることになりました。

何しろ、ベテランの芸人さんたちはすでに到着して稽古をはじめている中、素人の僕が殿様出勤のように登場してしまったからです。

また、このお芝居のための練習日にも参加できなかったことも（最初からそういうお話がついてはいたのですが）、監督さんたちには悪い印象を与えてしまっていたのです。

結局、本番までもう数時間という状況を前にして、劇中で5分間だけ自由にしゃべる、という段取りになりました。

「やれやれ。慣れないお笑いの劇で、5分間という自分の持ち時間に観客を笑わせられなかったらどうしよう……」、と本番前のプレッシャーの中で思いついたのが、アメリカのネバダ州にある空軍の極秘基地である「エリア51」に行ったときに、当局に追いかけられたエピソードでした。

この話なら皆に興味を持ってもらえそうだし、笑いも取れそうだと思いました。

さて、本番がはじまり、スタッフからのQサインで僕はステージに登場しました。

ところが、自分の立ち位置に立った途端に、リハーサルにはなかった眩《まぶ》しいスポットライトが当たり、その瞬間に、考えていたトークのネタがすべて真っ白になってしまいました。

「まずい！　どうしよう！」

と思った瞬間に、僕はなぜか突然、「死んだら天国へ行く方法」として「ただいま！」を言う話をとうとうと語りはじめたのです。

すると、この話が大ウケをすることになりました。

なにしろ、会場にいた観客はご年配の方ばかりだったので「天国に行く話」は自分にとっても身近な話だったのです（実際には、強いスポットライトのせいでお客さんたちが年配の方ばかりだということさえも、自分では気づきませんでしたが）。

僕のパートはこうして大盛況で終わりました。

そしてお芝居が終わると、芸人さんやスタッフ、あのちょっと怒っていた監督さんもわざわざ楽屋まで来て、「死んだときには、〝ただいま！〟って言うからね！」などと言って声をかけてくれて盛り上がり、本番前までの雰囲気の悪さが一気に払拭されることになりました。

とはいっても、自分の中では何か納得できないものがあったのです。

隠遁者様に教えていただいた「ただいま」の話のことは、当時はすっかり自分の記憶の中から消えていたことであり、どうして突然自分がそんな話をしはじめたのかさえ、よくわからなかったのです。

こうして夜の部も無事に終わり、翌日はせっかく大阪に来たのだからと「サムハラ神社」にお参りをして帰ろうとしているときに、知り合いからの電話で葦原さんが亡くなられたことを知ったのです。

亡くなられたのは、なんとなく違和感を覚えていた前日のちょうど朝の９時半ごろでした。

そのとき、ふと腑に落ちたのです。

ステージ上で突然、天国へ行く方法を語りはじめたのも、交通事故に遭って亡くなってしまった葦原さんが、僕のところに天国へ行く方法を聞きに来たのではないかと。

精神世界のあらゆることに精通していたあの葦原さんでさえ、まったく予測もしない不慮の事故に遭って命を落としてしまったことで、自分が死んだことが納得できずに魂として彷徨《さまよ》いながら、「こういうことは、保江に聞くのが一番だ」と僕の元へやってきてくれたのではないかと。

実は、葦原さんにはこのイベントの一週間後に東京で会う約束をしていたのですが、まさかこんな形で彼が大阪まで会いにきてくれるとは思ってもみませんでした。

こうして、仏教でいうところの葬儀が神社で可能なのかわからないものの、サムハラ神社でご祈祷をお願いしたいと申し出たら、心よく引き受けていただき、葦原さんを神道式にお見送りさせていただいたのでした。

その後、大阪で寿司屋に行き、カウンターに座って自分の席の隣にもうひとつグラスを置いてもらい、僕なりに葦原さんのお通夜を行いました。お店の大将も加わっていただき、三人でお酒を飲みながら葦原さんの思い出に花を咲かせました。

死にゆく父からのコンタクト
――パイロットの父が飛んでいた飛行場近くで知った父の死

友人たちが死にゆくときにこのようにコンタクトをしてきてくれるのなら、身近な家族ではなおさらではないでしょうか。

僕の父親も旅立つ瞬間に、会いにきてくれました。

それも偶然にも、父親にとって特別に思い入れがある場所にその日、その時間に居合わせることになったのです。

元気な父親でしたが、ある朝突然、脳溢血で倒れてしまい、急遽《きゅうきょ》入院したものの昏睡《こんすい》状態になってしまいました。

担当の医師によると、「この先、もしかして意識は戻るかもしれないし、どうなるかわからないけれど、とりあえず、しばらくはこの状態が続くでしょう」とのことでした。

実は、父親が倒れた日の翌日は、娘の大学の入学式のために娘と一緒に岡山から上京する予定になっていたのです。

そこで、僕だけは入学式に出席するのはあきらめて、それでも、娘の部屋探しなどは手伝わないといけないので、娘と一緒に上京することにしました。

先生からは、とりあえず一週間くらいはこのままの状態が続くだろうと聞いていたこともあり、数日間の留守なら大丈夫だろうと思いました。

さて、東京の武蔵境に到着して娘の部屋探しを手伝い、その夜はホテルに泊まっていたのですが、どうもなかなか寝付けません。

気づけば、明け方の4時ごろになっていたので窓を開けてみると、まだ陽が昇らない薄暗い空が目に入ってきます。

僕は、ただなんとなく東の空をぼ〜っと眺め続けました。

その日泊まっていた武蔵境の近所には調布飛行場があります。実は、父親は若い頃、陸軍航空隊の首都防空隊に所属しており、この調布飛行場を拠点にしてB29を撃墜するために戦闘機に乗っていたのです。

そこで、孫娘が武蔵境にある大学に通うことになったことを知った父は、「この機会にもう一度、調布飛行場にある首都防空隊跡地を見に行きたい！」と喜んでいたのです。

ふと、そう言っていた父親のことを思い出した僕は、「親父は若い頃、このあたりを飛んでいたのかな」と空を眺めながら思っていたら、その瞬間に携帯に電話がかかってきました。

それは、病院から父の死を告げる電話でした。

なんと、父親は主治医の先生の予測よりも、うんと早く旅立ってしまったのです。

父親の青春時代に思いを馳せていた僕は、父親の死の連絡を受けても不思議と悲しい気持ちにはなりませんでした。

息を引き取る寸前に昏睡状態の中で、父親の魂は自身の人生で最も輝いていた若い頃のパイロット時代のことを思い出して、調布飛行場に来ていたのではないでしょうか。

そして、その日、偶然その町にいた息子である僕に自分が飛んでいた空を見せたかったのではないでしょうか。

ちなみに、父親が戦闘機に乗って空を飛んでいたのは、朝焼けがはじまる前のまだ薄暗い明け方でした。

敵に見つかりにくい明け方の薄暗いうちに出撃する必要があったからです。

魂はその人が最も輝いた時代の姿で現れる、という意味でも、魂になった父親は最後に戦闘機に乗っていた時代に戻っていたのかもしれません。

首都防空隊の頃の父親

第5章

あの世からこの世へのミッション

正しく死んだ人の霊魂がたどる「みっつの道」

それでは、それぞれの人生、それぞれの生き方をまっとうしてこの世を去った魂はその後、あの世でどのようなルートをたどるのでしょうか?

老衰であれ、病死であれ、不慮の事故による死に方であれ、正しく「ただいま!」と言ってあの世に帰還できた魂は、あの世における「みっつのフェーズ(段階)」から、こちらの世界をサポートすることになります。

それらは、①この世に生き残った人たちをあの世の側から守護霊として見守るフェーズ1《ワン》、次に②天使や権現様(神が人を助けるために仮の姿で現れること)として、この世に姿形を持ち現れることで窮地に陥っている人たちを助けるフェーズ2《ツー》、そして、③神様となって調和に満ちるフェーズ3《スリー》という段階があります。

魂自身も、①の守護霊という立場で家族や近親者たちだけを守るフェーズ1から②の天使、権現様として見知らぬ人をサポートするフェーズ２の段階を経て、③のすべてを見守る神様になるフェーズ３に至るまでのプロセスをたどりながら、自身のエゴをより薄くしつつ、より無私で博愛に満ちた精神の魂へと成長していくのです。

ここでは、それぞれのフェーズでどんなふうに魂たちが仕事をしているのかをご紹介してみたいと思います。

陰陽師の家系を受け継ぐ祖母

まず、人は死んだ後、フェーズ1として守護霊という立場で近親者を守ります。

僕の場合は、祖母が守護霊として僕を守ってくれている、と思えることが祖母亡き後何度もありました。

小さい頃から母親を知らずに育った僕は、言ってみれば祖母に育てられたようなものであり、僕にとっての祖母は普通の人にとっての〝おばあちゃん〟とも違う人でした。

祖母は、本家の長男である僕を特別に可愛がってくれた人で、あの世に旅立った後も、あの世からいつも僕を見守ってくれているように思います。


そんな祖母は、実は少し普通の人とも違っていました。

というのも、これまでも拙著でご紹介してきたので、すでにご存じの方もいらっしゃるかもしれませんが、僕の祖母は陰陽師の家系に嫁いだ人でした。

祖母がどんなふうに僕をあの世から守ってくれていたのか、という説明をする前に祖母という人について紹介をしておきたいと思います。


もともと保江家は、保江という苗字になる前は「眞殿《まどの》」という苗字であり、江戸時代には赤穂藩（現在の兵庫県赤穂市、相生市、上郡町周辺を領有した藩）の陽明学者でしたが、陽明学者とは別の言葉で言えば、陰陽師のような役割を果たす人のことです。

江戸時代の元禄の時代に、江戸幕府も安定してきて長期政権になりつつあった頃、幕府にとって赤穂藩の陰陽師集団は、目の上のたんこぶのような存在でした。

なぜなら、赤穂藩の陰陽師集団は平安時代からの安倍晴明の流れを汲んでいて人数も多く勢力は絶大だったからです。

そこで、官位が高い「高家《こうけ》」の吉良《きら》上野介《こうづけのすけ》義央《よしひさ》を江戸城で斬りつけたとして、赤穂藩藩主の浅野《あさの》内匠頭《たくみのかみ》長矩《ながのり》が切腹に処せられた有名な「赤穂事件」などをきっかけに、赤穂藩の勢力が弱まりはじめました。

そして、藩が取り潰しになるときに、陰陽師たちは一斉に逃げ出したのです。

僕の祖先は大石内蔵助《おおいしくらのすけ》が岡山の備前出身だったことから、大石家を頼って逃げることになり、その際に眞殿という名字だとバレて追ってくる隠密などに殺されてしまうので、ということで保江に名前を変えることにしたそうです。

特に、我が家は赤穂の播磨の国の陰陽師集団の首領家だったこともあり、祖母は本家の跡取りである長男の僕が物心つくかつかないかという幼い頃に陰陽師の術を伝授してくれたのです。

祖母が夜な夜な読んでくれた陰陽師の秘儀を伝える絵巻物

それは、祖母が毎晩寝る前に僕を寝かしつけるときに行われました。

祖母は夜な夜な、時代を感じるような古い絵巻物を手にして僕の枕元で、それを読み聞かせてくれたのです。

その絵巻物は、どれもおどろおどろしい絵が描かれていて、とても気持ちが悪いものでした。

たとえば、悪魔みたいな存在が赤ん坊を口に咥《くわ》えていて血だらけになっていたりする恐ろしい絵と物語があったりするのですが、最後にはいつも平安装束風な着物を着た男性が登場して、その彼がいろいろな動作を行い、悪いものをやっつける、というストーリーが定番だったのです。

祖母はその物語を話す際に、身振り手振りでそれぞれの術の動作を僕に教えてくれていたのですが、今、思えば、あれが陰陽師の秘儀を伝授されていたのです。基本的にこのような教えは、物心つく前、つまり、自分の考えを持つ前に潜在意識に叩き込んでおかなければならないのです。

自分では、この知らず知らずのうちに行われていた修行が3歳くらいから8歳くらいまで続きました。

ただし、僕としては寝る前に怖い絵本を読んでもらっているようなものなので、子ども心にこれがとてもつらい習慣だったのです。

なにしろ、怖い話を聞いた後に眠ると怖い夢を見てうなされたり、金縛りに遭ったりして、朝起きたら怖い夢を見ながら歯を食いしばっていたのか、口元に血がついていたりしていたこともありました。

小学校の低学年の頃、友達の家で友達が読んでいる絵本が、いわゆる王子様やお姫様が出てきたりする普通の〝いい感じのファンタジーなストーリー〟で綴られた絵本であることに気づいたときに、「いったい、僕の見ていたあの怖い絵本は何だったんだ！」と愕然《がくぜん》としたものです。

ただし、よく考えてみれば欧米の童話である『グリム童話』にしろ、童謡の『マザーグース』にしろ、子ども向けに脚色されているものの、本来は残酷で猟奇的な怖いストーリーが織り込まれているものが多いことも知られています。

祖母が読んでくれた絵巻物も、欧米の童話などもきっとルーツは同じものなのかもしれません。

少し前に、アメリカのカトリック系の学校が、イギリス人作家のJ・K・ローリングのベストセラー小説『ハリーポッター』のシリーズ7作を図書館から排除したことが、ニュースになっていました。

これは、本の中に本当に悪魔を呼び込む呪文が書かれてあるから、というのが理由だそうですが、現代のフィクション小説でもそのような扱いを受けるなら、何百年も伝承されてきた古い童話などには、どれだけたくさんの真実や本当に使える魔法などが潜んでいることでしょうか。

必要なときに解凍されて出てくる陰陽師のワザ

さて、そんな怖い絵本で育った僕ですが、祖母から授かった秘儀がその後の人生で役立つようになったのです。

たとえば、大学に入って下宿生活をしている頃、夜、眠りに落ちそうになったとき、「何かが来た！」という瞬間がありました。

それは、何か黒いダークなモノで良くない存在というのはわかりましたが、起き上がろうとしてもそのモノに押さえつけられてしまって身動きがとれません。

金縛りとも違うその初めて味わう恐怖に「このままだとやばい！」という焦りが湧き上がってきた瞬間に、自分でも知らない呪文が勝手に口をついて出たのです。

すると、あっという間にその存在は去っていき、身体が軽くなって動けるようになりました。

このときに口にした呪文こそ、祖母に小さい頃に読み聞かせてもらっていた絵巻物にあった呪文のひとつだったのです。

自分でも気づかぬうちに、陰陽師のワザが自分の中にきちんと浸透していることに自分でも驚きました。

また、僕は大学に入ってから合気道をはじめました。

これは、もともと身体が弱かったので大学生になったら何か武道をしたいとは思っていたのですが、柔道や剣道などの武道は中学や高校にもある部活であり、大学で突然はじめるには経験者でないとかなりハードルが高い武道なのです。

けれども、合気道だけはほとんどの高校で部活がないので、誰もが大学から初心者としてはじめられる武道でもあり、合気道部に入ることにしました。

実はこの合気道こそ、陰陽師の秘儀とも通じているところがたくさんあるのです。

たとえば、片手で大きな身体の人をバンバンと投げる秘伝護身術の技などは、「御式内《おしきうち》」と呼ばれ、もともとは、皇室などやんごとなき人々だけが使っていたものです。

大人になって、改めて子どもの頃に身体に染みついていた動きを、再び自分で確かめるように、大学時代は毎日合気道に明け暮れていました。

このようにして、大人になって自分が選択すること、体験することに、祖母が夜な夜な読んでくれた陰陽師の秘儀は生かされていて、改めて僕の中にその教えがしっかりと根付いていることを感じるのでした。

今でも陰陽師の秘儀は、必要なときにその都度、きちんと解凍されて出てくるのです。

《フェーズ1》――日本の魔女からヨーロッパの魔女への通信

祖母は、あちらの世界から直接、間接的に僕をサポートしてくれているのですが、あるときは、日本の陰陽師からヨーロッパの魔女に働きかけてくれたことがありました。

そのヨーロッパの魔女こそ、僕のヨーロッパのおばあちゃんでもあった、マダム・フォルツァーニです。

それは、僕がスイスのジュネーブ大学にいたときのエピソードです。

博士号をまだ取得する前だった僕は、博士号を取得しても定職に就けないオーバードクターになる前に職を見つけておこう、と応募したスイスのジュネーブ大学の助手のポジションに奇跡的に受かったのです。

「今すぐになら、助手として雇うのでこちらに来なさい」という返事をもらった僕は、まだ博士号を取得する前だったので、慌てて博士号をなんとか取得すると、無事にスイスへと旅立ちました。

到着した先方での暮らしは、日本とは別天地でパラダイスのようでした。

給料も日本でもらえる額の数倍を支給されることになり、早速、車も購入して楽しい生活がはじまったのです。

そんなある日、ふと現地の日本料理屋である日本人男性と出会いました。

その男性は、お店がガラガラで席がたくさん空いているにもかかわらず、僕が座っていた前の席に座ってきたのです。

そして、僕がどんなメニューを注文しているのかも確認せずに、お店の人に向かって「この人と同じものをください！」と言ったのです。

そこで僕が、不思議に思い「大丈夫なんですか？」と訊ねると、「日本のものならなんでもいいんですよ！」と答えるのです。そして、先に注文していた僕のカツ丼が届くと、「美味しそうですね」とじっとカツ丼を見つめてすぐにでも食べたそうな顔をしています。

思わず僕はその男性に、「お先にどうぞ！」と譲ることにして、その彼と自然に会話がはじまることになったのです。

彼は、会社派遣でジュネーブ大学にＭＢＡを取りに来ていた人で、僕がフランス語を話せることを知ると、自分の下宿に来て下宿先の主人であるおばあちゃんに食事に魚を出してほしい、と伝えてと頼んできました。

魚好きな彼は、下宿の食事として毎日出されるステーキに辟易《へきへき》していたのでした。

そこで僕は彼に付いて彼の下宿先に行き、大家さんである80歳すぎのおばあちゃん、マダム・フォルツァーニにこのことを伝えると、「わかったよ、今後は料理に魚も出すようにするよ」という話を取りつけました。

さて、役目も終わったということで帰ろうとしたときに、マダム・フォルツァーニが一言。

「私の腕の産毛が逆立って鳥肌が立っているのだけれど、あんたはいったい、何者だい？　魂が普通のつき方をしていない人間に出会うと、こういうふうになるんだよ。ちょっと、こっちに来なさい！」

と言って引っ張っていかれた別の部屋には、占い師の館にあるような水晶玉がテーブルの上に鎮座しています。

「私はね、魔女の家系の生き残りなんだよ。我が家は、代々サンモリッツで魔女をしていた家で、いつも皆の相談に乗ったりして評判だってよかったんだ。でも、戦後になると迷信なんか時代遅れだ、となって魔女稼業も廃業になってしまい、母親は嫁いで普通の人生を送ることになってしまってね。でも、私も一家の血を受け継いでいるから、魔女の力があるんだよ」

と語りはじめて、水晶玉をのぞき込むのでした。

「ほほう。だいたい、普通の男の人にはね、守護霊・背後霊として母親がついているんだ。もし、その人の母親が生きていたら、生霊としてでも息子の側にいるものなんだよ。でも、お前さんには母親はいないね。その代わりに、おばあちゃんがついているよ」

驚いた僕は、思わず自分は祖母に育てられたことを説明すると、マダム・フォルツァーニは自慢げに「ほら、やっぱりだね。私の力はすごいだろう！」と言って、さらに僕の鑑定を進めました。

「なるほど。お前さんのおばあちゃんは、どうやら、この私と同じような血を受け継いでいるね。だから、お前さんはここに導かれたんだよ」

そんな会話をきっかけに、豪華なマンションで優雅に年金暮らしをしていた魔女のおばあちゃんであるマダム・フォルツァーニとの付き合いがはじまることになったのです。

一人前の魔女になるための卒業試験とは

それ以来、日本人の男性に用事で会いに行っても、帰り際にはマダムが「ワインでも飲んでいきなさい！」と言っておしゃべりをしていくようになり、そのうち、下宿していた彼が日本に帰国した後も、マダムに会いにいくようになりました。

ときには、友人たちと旅行する際に一緒についてきたりすることもあり、見知らぬ人たちから、僕たち二人は親子に見られることもありました。

僕は天然パーマの黒髪なので明らかに日本人なのですが、見方によっては、黒髪のギリシャ人の男性に見えたりもするらしいのです。

いつしか、マダムはヨーロッパの僕のおばあちゃんのような存在になりました。

それはまるで、亡き祖母が「自分の代わりに」と授けてくれたヨーロッパの家族のような存在でした。

一緒にいると周囲からは「君のおばあさんは面白い人だね」と言われるようなユニーク

な人でしたが、亡き祖母のおかげで、僕はスイス時代を楽しく過ごすためのとっておきのおばあちゃんができたのです。

さて、そんなヨーロッパのおばあちゃんからは、魔女になるための修行の話や日常に役立ちそうな魔女の知恵など、いろいろなことを教えてもらいました。

面白いことに、ヨーロッパの魔女の知恵の中には、幼い頃僕が陰陽師の血を受け継ぐ祖母から教わっていたものと同じものがたくさんあったのです。

たとえば、鼻血を止める方法、車酔いを防ぐ方法など、そのあたりは西洋も東洋も万国共通なのでしょうか。

ちなみに、鼻血はかかとを叩くと止まり、車酔いにはブランデーを飲むのが効果的なのです。

そんなヨーロッパのおばあちゃんであるマダムに、どんなふうに魔女の修行をするのかを訊ねたことがありました。

マダムいわく、一人前の魔女になるためにはいろいろな修行があるらしいのですが、最後には仕上げとして卒業試験のようなものがあるとのことです。

魔女候補生は、一切何も持たずに一人でウィーンの森に入って行き、森の中で一週間過ごした後に、無事に戻って来られたら一人前の魔女として合格なのだそうです。

それは、ネイティブ・インディアンたちが大人になるときに通過儀礼として行う「ビジョン・クエスト」と同じかもしれません。

でも、日本人の僕たちが森と聞くと、なんだかリラックスできる癒しの場所のように聞こえますが、ヨーロッパの森の寒さは半端ではなく、普通の人が何も持たずに森に入ると、一歩間違えば、一晩で命を落とすほど危険な場所でもあるのです。

ちなみに、マダムいわく、卒業試験に落ちてしまう人は、自分ひとりで何とかしようとする人なのだそうです。

ナイフや火の準備などまったく何も持たずに森に入った場合、大自然からの力を借りなければサバイバルができません。

まずは、森の中に入ったら一本の樹木を見つけて、その樹木に頼ってみるのだそうです。

すると、「求めよ、さらば開かれん」となり、その樹木から森でサバイバルするためのさまざまなヒントがもらえるのだそうです。

たとえば、うまい具合にねぐらになるような朽ちた木でできた洞穴が見つかったり、食料になる木の実が手に入ったりなどするのです。人間である自分も大自然の一部になることで、サバイバルは可能になるのです。

とりわけ怖ろしいのは、深夜の丑三《うしみ》つ時だそうです。

森の中には、いろいろな精霊たちがいて、夜中になると有象無象の存在たちが出てくるらしく、中には悪い精霊もいるので、そのときに、悪い精霊を追い払ったり、良い精霊を見抜くことができないと自分も取り憑かれたりすることもあるとのことです。

こうして、森でさまざまな試練を潜り抜けた魔女候補生は、森の中から一週間後にある場所に出てくるのです。

それは、ある教会の前です。

ハイリゲンクロイツ修道院に引き寄せられる

実は、この僕もその教会の前に磁石のように引き付けられたことがあったのです。

それはまるで、魔女にとっての卒業試験が僕のために別の形で用意されたかのように……。

ある日、郊外の高速道路を車で走っていたとき、快晴の日だったにもかかわらず、急に雨が降り出したことがありました。

そのにわか雨が上がった後、美しい虹が目の前に出現しました。

虹は霊的シンボルでもあるとよくいわれますが、高速道路の上にかかる見事な虹のアーチのふもとの部分に、なぜか引き付けられるように高速の出口から下りると、虹を追いかけるかのように僕は車を走らせはじめたのでした。

気がつけば、いつの間にか、ウィーンの南の森近郊までやって来ていました。

そして、たどり着いた小さな村で、目前に立ちはだかったのがある修道院だったのです。

それが、「聖なる十字架」を意味する「ハイリゲンクロイツ修道院」です。

ハイリゲンクロイツという名前は、イエス・キリストが磔《はりつけ》にされた十字架の一片がこの場所に運ばれたというところに由来しており、カトリックのシトー会修道院としては、最古の修道院として知られています。

早速、教会の入り口の扉が開いていたのに気づき、駐車場に車を止めて外へ出た途端、鐘が「カーン！　カーン！」とあたりに鳴り響きはじめました。

教会に入ると、修道士以外は入れない鉄格子の向こうから、白い祭服を着た神父たちがぞろぞろと出てきて、グレゴリア聖歌を歌いはじめたのです。

その歌声は、これが本物のミサなんだ、と思わせるほどの荘厳さと神聖さにあふれたもので魂が震えるほどでした。

ミサが終わって教会の外へ出ると、教会の天辺にある十字架に雨上がりの太陽が反射してキラキラと輝いています。

実はそれまで、その教会がどこの何という教会かまでは把握していませんでした。

けれども、出口に置かれてあったパンフレットを見て、ここが、「聖なる十字架」を意味するハイリゲンクロイツ修道院であること、そして、ウィーンの森の端にあるこの場所こそ、あのマダムの言っていた「この場所に森から出てくることができたら、一人前の魔女として合格」という場所であることを思い出したのです。

僕は魔女としての修行を積んだわけではありません。

ただ、何も知らずに、雨上がりの虹に引き付けられるようにしてやってきたのがこの場所だったのですが、奇しくも魔女の卒業試験で合格する場所にたどり着いていたのです。

これも、あちらの世界から祖母がきっと裏で手をまわしたイベントのひとつに違いありません。

車から降りた途端に鳴り響きはじめた鐘の音は、祖母とヨーロッパのおばあちゃんとの魔女ネットワークの連携による祝福の鐘だったのかもしれません。

これまでの人生に、「それでよかったんだよ」というお墨付きを二人の魔女からいただけたような気がしました。

車で虹を追いかけて偶然に着いた場所が、魔女の卒業試験でたどりつくべきハイリゲンクロイツ修道院だった

マイアミの危険地帯から〝神頼み〟で脱出

また、これもフェーズ1の役割ではあるのですが、僕と娘の窮地を救うために、祖母があの世から天使の援軍を送ってきてくれたこともありました。

それは、娘と一緒にアメリカを旅行中のときのことです。娘に射撃の練習をさせる目的（いざというときに、女性でも自分の身は自分で守るように、という保江家の教育方針のもとで）で行ったこの旅でしたが、娘の希望でＮＡＳＡのロケット発射基地がある「ケネディ宇宙センター（現在は、アメリカ東部宇宙・ミサイルセンター）」に行くことになりました。

さて、フロリダのマイアミに降り立ったその日は、翌日の行程に備えてホテルに宿泊するだけの予定だったので、食事くらいは外へ出ようと娘とレンタカーしていた車で街に繰り出したのです。

食事はご当地グルメのクロコダイルのステーキなどを食べて、さて、ホテルに帰ろうということになりました。

当時は、まだカーナビも発達していなかった時代です。

ホテルの住所と地図だけを頼りに車を走らせていたのですが、どうやら、どこかで道を間違えてしまったのか、道に迷ってしまい、気がつけば荒れ果てたダウンタウンの街の中を走っていました。

マイアミといえば、南米にもすぐ近いことから、コカインの裏取引が行われる〝マイアミ・コネクション〟で有名な街でもあり、決して治安の良い都市ではありません。

ついには、運転すればするほど袋小路に入り込んでしまい、いかにもマフィアの下っ端がうろついていそうな危険地帯のストリートに突入してしまいました。

高校生の娘もいるので、車のドアはすべてロックした状態で、恐る恐る運転を続けながらも、絶体絶命の状況に陥ってしまった僕の心は焦るばかりです。

ついに、パニックになりそうな気持ちを落ち着かせるように、「神様！　お助けください！」と天を仰ぎました。

するとその瞬間、目の前に一台のパトカーがある車を止めて、何やら駐車違反のような検問を行っている光景が目に飛び込んできました。

「ここでこの警察官に道を聞かないと、もうホテルへは絶対に戻れない！」と思った僕は、車を止めて車から出ると、パトカーのほうに近づいていきました。

すると、アフリカ系アメリカ人のでっぷりしたおまわりさんが僕に気づき、「おいおい、危ないから、車の中にいなさい！　後でそっちに行ってやるから待ってなさい」と叫んできました。

そして、別の車の検問が終わるとこちらにやってきてくれたので、ホテルに戻ろうとしたのに道に迷ってしまったことを告げて助けを求めました。

おまわりさんは、ホテルの住所を確認すると、「君たちは、まったく反対の場所にいるよ。それにしても、こんな場所に来たらダメだよ！　何をされるかわからないよ。とにかく、ここからホテルに戻るのは難しいから、俺がホテルまでの道を先導してやるよ。俺の車についてきなさい！」

と言って、なんとホテルの玄関口までパトカーで先導してくれたのです。

そこから、おまわりさんの車の後について少なくとも30分間は走っていたので、相当違う場所までやってきていたのがわかりました。

まさに危機一髪、このおまわりさんに出会っていなければ、決して、自力ではホテルへは戻ることなどは不可能だったのです。

おまわりさんには別れ際に、「ありがとう!!」と全力で手を振って感謝の気持ちを伝えました。

翌日、ホテルのフロントで宇宙センターに出発前に前日の話をホテルの人にしていたら、「よくぞ、無事に帰ってこられましたね」とびっくりしています。

そして、フロントの人が不思議がるには、僕が「ハイウェイパトロールの人に助けてもらった」と言うと、ハイウェイパトロールは、文字どおり高速道路であるハイウェイをパトロールする警察官なので街中は絶対に巡回しないというのです。

そして、街中をパトロールするのは街を管轄するポリスステーションのおまわりさんたちであり、彼らは必ず二人組で巡回しているので、一人ではないはずだというのです。

確かに、アメリカの警察モノのドラマなどでは必ずおまわりさんは二人一組で行動しています。

けれども、僕がダウンタウンで遭遇した警察の車の種類や色はハイウェイパトロールの車であり、でっぷりとしたおまわりさんは二人一組ではなくたった一人で行動していたのです。

結局、あのおまわりさんがどこに所属していたおまわりさんかは、今でもナゾのままです。

これは、亡き祖母があの世から僕の〝神頼み〟を受け取って、窮地を救うために送り込んでくれた天使かもしれないし、実際の警察官に僕を助けてくれるように導いてくれたのかもしれません。

そのどちらにしても、この出来事は祖母が僕たち二人を救ってくれたのだ、と思っています。

それでも、神頼みをした瞬間に奇跡の展開がはじまったという意味において、やはり、〝あの世とこの世はつながっている〟と思わざるを得ないのです。

《フェーズ２》――屈強なＳＰとなって見知らぬ親子を助けた天使たち

守護霊としてフェーズ１で家族や近しい人を守ってきた魂は、次のステージであるフェーズ２に進むと天使や権現様として身体を持ってこの世に現れて、人助けを行います。

僕のフロリダでの体験を大学の授業で女子大生たちに話したところ、ある学生さんが授業の後で僕の近くにやってきて「自分もかつて同じような体験をした」と言って彼女の体験話をしてくれました。

その学生さんは、社会人として大学に僕の授業を受けにきていた主婦の人でした。

数年前のある日、彼女はアメリカのシカゴに医師として海外留学をしていた旦那さんのもとへ、小さな息子を連れて会いに行く機会があったそうです。

彼女は大都市、シカゴのオヘア空港に息子と共に初めて降り立ちました。ところが、空港から旦那さんのいる街までタクシーに乗ればいいものを、彼女は英語が少しできる、という自信があったからか、空港から出るリムジンバスならぬ路線バスに乗って旦那さんの街を目指したのです。

車社会のアメリカでは、通常、路線バスは車を持てない階層の人たちの交通機関でもあり、見知らぬ土地で路線バスに乗ることは、あまりおすすめできるものではありません。

しかし、彼女はそんなこともつゆ知らず、意気揚々と路線バスにスーツケースを抱えて息子と共に乗り込んだのです。

さて、1時間近くバスに乗っていると、彼女と息子さんは運転手さんからある場所で降ろされました。

運転手さんによると、そこからまた別の路線バスに乗り換える必要があるらしいのです。

ところが、降ろされたその場所は、雰囲気の悪いダウンタウンのストリートであり、あたりにはガラの悪い怖そうな人たちがたむろしているという危険地帯でした。

焦った彼女は、路線バスに乗ったことが間違いであったことに気づくのですが、時すでに遅しです。

次のバスが来るまでなんと1時間くらい待たなければならず、今のように誰もが携帯を持っている時代でもないので、旦那さんに連絡もできません。

ストリートでたむろしていた5、6人だった男たちが、いつの間にか20人近くにわらわらと増えていて、獲物である自分たち親子を求めて、じわじわとこちらに近づいてきます。警察さえも巡回パトロールしない危険な無法地帯のこのエリアでは、助けを求めても誰も助けてくれないのです。

「もう、これまで……！」

ところが、彼女がそう思った瞬間、じわじわと四方八方からにじり寄ってきていた男たちが、なぜだか、後ずさりしていくのです。

とはいえ、安心はしていられません。とにかく、このエリアから一刻も早く去らなければ、と遠くに見えている車が往来している大通りまで荷物を引きずって息子と一緒に急ぐのに必死でした。

けれども、大通りまでは歩いてもかなり距離があります。

必死で早歩きで歩いていても、周囲から今度はたむろしている別のグループが近寄ってくるのです。

しかし、不思議なことに、同じように彼らは近づいてきた後、後ずさりしていくのでした。

こうしてついに大通りに出てタクシーを捕まえた彼女は、なんとか無事に旦那さんの元へとたどり着いたそうです。

旦那さんからは、「なんて無謀なことを！　あのあたりは一番危険な場所で誰も近づかないよ！」と怒られたのは言うまでもありません。

一件落着ですが、この話は、ここで終わりませんでした。

彼女は、あの危険なストリートから奇跡的に脱出できたうれしさはあったのですが、なんとなく釈然としないものがあったのです。

というのも、金品を奪い身ぐるみ剥がすには格好のターゲットだった自分と息子に近づいてきたチンピラ風の男たちが、どうして最初は遠くから近づいてきながらも、誰もが途中まで来ると全員が後ずさっていったのか、ということです。

それも、彼らは後ずさるときに、それぞれが「やばい！」というような顔をしていたのがナゾだったのです。

そこで翌日、彼女は昨日もらったレシートからタクシー会社に電話して、自分を乗せてくれたタクシーの運転手さんにもう一度あの場所まで連れていってほしい、と頼んだのです。

快く引き受けてくれた運転手さんは同じエリアに戻ると、バスの停留所近くにたむろしている男たち数人を見つけたので、一人で車から降りて彼らのもとへ行き訊ねてくれました。

「昨日ここを通った日本人の女性と男の子を憶えているかい？」

「ああ、憶えているよ」

彼らも昨日、日本人の親子二人がここを通ったことをしっかり憶えていましたが、こう続けたのです。

「せっかく、ちょうどいいカモがやってきたと思ったんだけれど、両側をプロレスラーみたいな男たちに囲まれていたんじゃ、近寄れたもんじゃないよ」

と男たちが口々に言うのです。

彼らいわく、母と子の両側をＳＰのような屈強な男二人が親子を守るように一緒に歩いていたというのです。

それを聞いた彼女は、驚きました。

あたり前ですが、自分たちの周辺には自分たち以外は誰ひとりとしていなかったからです。

でも、ケンカやいざこざには慣れていそうなストリートの男たちは、自分たちの両側にプロレスラーのような男性たちがいなければ、あんな表情は浮かべないはずだし、後ずさりもしなかったはず！

彼女は、自分と息子には姿は見えなかったものの、自分たちの両側をＳＰのように脇を固めて歩いてくれた屈強な男性二人は、きっと天使が男性二人に姿を変えて現れて助けてくれたのだろう、と思うことにしました。

というか、そう考える以外は説明がつかないからです。

これこそ、まさに天使が身体を持って現れて困った人を助けるフェーズ２としての役割を果たしているエピソードではないでしょうか。

この話を授業中に彼女からクラスの皆にしてもらうと、クラスの学生たちが次々に「自分にもこんなことがあった」「家族にこんなことがあった」と似たようなエピソードを披露しはじめて、思わず、物理学の授業のはずが、「天使学」のクラスのようになってしまいました。

ＪＲ福知山線脱線事故で助かった女子高生

天使が身体を持ってこの地上に現れて人を助けるというフェーズ2としてのエピソードで知られているのは、ＪＲ福知山線脱線事故の電車にあやうく乗りそうになった女子高生の話ではないでしょうか。

これは、関西の人なら、ほぼどこかで一度は聞いたことがあるくらい有名な実話です。

２００５年にＪＲ西日本の福知山線の塚口駅〜尼崎駅間で起きた列車脱線事故は、乗客と運転士合わせて１０７人が亡くなり、５６２人が負傷するという日本で起きた列車事故の中では、国鉄民営化以降最大級ともいえる未曽有の大事故となってしまいました。

すでに約15年前に起きたこの悲惨な事故のことを、まだ憶えている人も多いのではないでしょうか。

朝のラッシュ時に起きたこの事故では、多くの若い命も犠牲になりました。

そんな中、一人の女子高生の命があるおばあさんの行動によって助かることになったのです。

事故当日の朝、その女子高生は塚口駅のホームで、友人二人と一緒にいつも自分たちの乗る電車を待っていました。

電車が到着したので、先に乗り込んだ二人の友人の後に続こうとした瞬間、突然、後ろにいた誰かから制服の襟をグイっとものすごい力で引っ張られてしまい、彼女の身体は後ろに下がってしまいました。

驚いた女子高生が慌てて後ろを見ると、見知らぬおばあさんが立っています。

彼女は「え？　このおばあさんがこんなことを？」と思った瞬間に、電車のドアは閉まると、友人たちはこっちを向いて「バイバーイ～！」と笑いながら手を振っています。

この電車に乗らないと確実に遅刻してしまう女子高生は、「この人は、なんてことをしてくれたのよ！」と怒り、駅員さんに訴えようと思い、あたりを見回して駅員さんをきょろろきょろと探したのですが、その間に後ろにいたはずのおばあさんは姿を消していました。

その女子高生いわく、後ろのおばあさんを最初に確認してから消えるまで、0・5秒もたっていなかったとのことです。

とにかく、仕方がないのでホームで次の電車を待っていると、駅構内にアナウンスが流れて電車が不通になったことを知り、先ほどの電車がこの駅を出た後、脱線事故が起きたことが明らかになったのです。

しばらくして関西圏のマスコミが、彼女がいた駅に集まってきて、ホームにいる人たちの取材をはじめました。

その際に、この女子高生も取材を受けて、自分に起きたことをそのまま話したことで、この女子高生はローカル圏では一気に有名になったのです。

ちなみに、電車に乗れた二人の友人たちは大けがをしたものの、命は無事だったそうです。

その後、ある週刊誌が「どうして、この女の子だけがおばあさんに助けられたのか」ということを調べたそうです。

この女子高生は、何か特別な少女だったのでしょうか？

いいえ、そんなことはありませんでした。逆に彼女は、決して成績も良いわけではない普通の女子高生で、いつも遅刻ぎりぎりの電車に乗るような、優等生ではない学生だったらしいのです。

この話を聞いて、僕はキリスト教の教えである「神は最も弱い人間から助ける」という言葉を思い出しました。

「何も持たざる者は幸せである」という言葉もありますが、まさにそのとおりであり、反対に強い人、デキる人、カッコいい人は残念ながら神様から助けられるのは最後になってしまうのです。

この女子高生の人生は、この出来事で一変しました。

いいえ、もしかしたら、この出来事でしか、彼女の人生は変えられなかったのかもしれません。

とにかく、あの世の天使たちからすれば、この女子高生は必ず助けなければならなかった、ということなのです。

守りたい人がいるのなら、死んだ後で助けたほうが確実!?

さて、僕の年代になると、友人・知人たちもそろそろ死を意識する人が多いものです。中には、「身体の弱い妻を残して死んでいくのが気になる」「一人娘を残していくのが気がかりだ」などという男性たちもいますが、そんな人たちに僕はこう言うのです。

「何言っているんだよ。それよりも、君が死んだ後に24歳の屈強な姿になって、奥さんや娘さんの側にいるほうがよっぽど彼らを守ってあげられるんだよ。この物騒な時代に、この年で何か危険なことがあったとしたら、体力的にもこっちだって負けてしまうよ。死んでからのほうが確実に守れるんだよ」

などと言うと苦笑されたりもするのですが、実際に、老いた弱った身体で大切な人を守ろうとするよりも、死んで目に見えないSPになったほうが確実なのです。

これも、素領域理論の考え方からも説明できることです。

たとえば、もし、人物Aが人物Bを刃物で傷つけようとしたとします。

そのとき、あの世にいてBを助けたい人物Cは、二人の身体が入った素領域と素領域の間のつながった部分の素領域の分布密度を薄くすればいいのです。

基本的に、素粒子は素領域の中にしか入れないので、物理的な存在である刃物は素領域の中でしか移動していけません。

つまり、Aが対象Bの方向に向かって刃物を向けたとしても、その方向の素領域の分布密度が薄ければ＝少なければ、ナイフはその方向へは進めないのです。

あの世の側にいると、素領域の分布密度は自由に変えられるので、こんな形でサポートもできるのです。

つまり、このような作用が働いたときに人は「天使に守られた」「奇跡が起きた」などと言うのです。

守護霊が見える人などは、「あなたには、守護霊が2万人もついていますね」などと言ったりしますが、いってみれば、あの世の存在たちに「この人を守りたい！」「この人をサポートしなくては！」と思わせるような生き方ができると最強なのです。

あの世から応援団がたくさんついてくれるような生き方をしたいものです。

夏目雅子似の看護師の天使

この僕にも「あれは、確実に天使だった」と思える出来事があります。

それは、15年前に大腸がんの緊急手術を受けたときのこと。

1か月以上も便通が滞り、妊婦のような大きなお腹になって、ついに鈍痛にも耐えられなくなって開業医に行くことになりました。

すると、膨れたお腹を診た開業医はすぐに顔色を変えて、総合病院の救急外科に行くように、と僕に言い渡しました。

総合病院では、便秘ではなく重症の腸閉塞と診断され、さらには腸閉塞の原因のほとんどは大腸がんであるとも言われてしまい、すぐに手術をする運びになったのです。

ちなみに、この手術中に、僕は2分30秒ほど死んでしまったのですが、これはそんな事態に陥る前の手術前の出来事です。

まずは、救急外科病棟の1Fで処置をされた後、手術室のある7Fまでストレッチャーで運ばれることになりました。

そのときに、足元側と頭の側にそれぞれ一人ずつの看護師さん、そして、途中からはもう一人の看護師さんが右手を握って、左手で胸をトントンと軽く叩いて顔を見つめながら「大丈夫ですよ」と声をかけてくれていました。

その看護師さんは超美人で、今はなきあの美人女優、夏目雅子にそっくりでした。

7Fまで運ばれる最中も、自分の顔のすぐ10センチ上くらいにその夏目雅子に似た看護師さんの顔がずっとあるので、思わず少しドキドキしてこう思ったものです。

「この病院は、手厚いケアをしてくれるところなんだな……」

さて、7Fに到着して手術をする部屋は外から隔離されていて、手術室への通路へはベルトコンベアに乗せられて入って行くことになります。

ここまで来ると、二人の看護師さんたちの役割は終わったのか、彼らはさっさとどこかへ消えていきました。

けれども、じっと顔を見つめてくれていた夏目雅子似の看護師さんは、ベルトコンベアに乗っても、片手で胸をやさしくポンポンと叩きながら、「必ず帰ってこられますからね」と声をかけてくれます。

そして、身体が向こう側に運ばれてしまうので手が自然に離れるまで、ずっと手を握っていてくれたのです。

彼女の声を聞きながら「〝帰ってこられるから〟、ってなんだかヘンな表現だな」と一瞬思いました。

というのも、自分では腸閉塞の手術だと思い込んでいて、大腸がんの手術だとは思ってもいなかったからです。

さて、手術後に集中治療室から普通の病室に移されると、足元と頭側にいた看護師さんは検温などでしょっちゅう来てくれますが、夏目雅子似の看護師さんだけは一向に来てくれません。

そこで、ついに他の看護師さんに「手術室に運ばれるときに、手を握ってくれていた看護師さんは、ここを辞められたんですか？」と聞いてみたのです。

すると、その看護師さんは怪訝《けげん》そうな顔をして、「あなたを手術室に運んだのは私ともう一人の二人だけですよ」と答えるのです。

つまり、顔を近づけてのぞきこんでくれていた看護師さんは存在していなかったのです。

それでも、手を握ってもらっていたときの感触、胸のあたりをポンポンと叩かれた感触などは確実に憶えているのです。

それから数年が経ち、地元の岡山のあるレストランで知人と食事をする機会がありました。

すると、近くのテーブルで話している人の会話が聞こえてきて、その人が手術をした病院に勤めている看護師さんだということがわかりました。

そこで、思い切って声をかけてみて、夏目雅子に似た看護師さんがいたかどうかを訊ねてみたのです。

すると、その病院には長年勤めているその女性は、そんな人はいなかったと答えます。

さらに驚いたのは、その病院は経費節減のため、普通は手術室までストレッチャーに乗せた患者さんを運ぶ看護師は一人だけだというのです。

なので、彼女は僕の話を聞きながら、「二人も看護師をつけてくれたなんて、この人はＶＩＰ待遇を受けたんだな」と思っていたそうです。

確かに、知り合いの先生の紹介で行った病院だったので、少しは待遇が良かったのかもしれませんが、それにしても、実際にその病院で働いている彼女の話からしても、三人の看護師が一人の患者に付き添うことは、到底ありえなかったのです。

それでも、憶えているのです。

顔をのぞき込んでくれていた彼女の顔、つないでくれていた手の感触、胸に置かれた手の重みの感触など。

実際に、言われた瞬間には知る由もなかったのですが、「必ず帰ってこられますからね！」という言葉も、２分30秒死んだ事実があることから、まさにそのとおりになったのです。

「はたして、彼女は天使だったのだろうか」と思っていたところ、拙著でも何度かご紹介している予言者、「麻布の茶坊主」さんに初めてお会いした際に、彼が僕のこれまでの人生をリーディングしながらこう言いました。

「あなたは、以前に開腹手術を受けたことがありますね。普通なら、身体にメスを入れた人は、その場所が治癒してもオーラがその部分だけ食い違っているので、手術をしたことがわかるのです。でも、あなたの場合は、オーラが食い違っていない。このように、手術をしてもオーラが食い違っていない人は、手術をしたときの医師や看護師などスタッフの中に、天使が紛れ込んでいたはずです」

これで確信できました。

あの夏目雅子似の美人の看護師さんこそ、天使が姿を持って僕のもとに現れてくれたのです。

天使の看護師さんの似顔絵（ShuKa さん作画）

《フェーズ３》――完全調和の世界を創る万能の神

フェーズ３は、フェーズ１から２というプロセスを経てきた魂が自動的にたどり着く最終ステージです。

まずは、フェーズ１で身内を助け、次にフェーズ２で見知らぬ人々を助け、徐々に無私の境地に至ることができた魂は、最後にはフェーズ３では、調和に満ちた宇宙を司る万能の神の一部になります。

そう、この段階までやってきたならば、もう個人の記憶も意識も完全に消失し、ただただ真っ白な光の世界と感じる完全調和の全体に融け込んでしまっています。

そして、自我もないので何の感情や印象も持たないまま、完全調和が自発的に破れることで発生した無数の素領域からなる宇宙空間の中で繰り広げられる森羅万象を見守るという、苦痛にも似た単調極まりない状況にひたすら耐えていくことになるのです。

そして、もうこれ以上には耐えられないというときになると、神としての完全調和が自発的に破れることで、神の中に抱かれるかのようにして無数の新しき素領域が生まれ、新しき宇宙が誕生することになるのです。

その新しい宇宙を構成するすべての素領域を包み込むならば、その魂はその新しき宇宙の神となるし、ごく一部の素領域のみを包み込むならば、この宇宙においてそうであったように、再び何らかの生命のひな型としての魂としての役目を果たしていくことになるのです。

神となるか、あるいは生命のひな型としての魂として再び輪廻転生を繰り返していくのかについては、おそらく魂自身が決めることではないのかもしれません。

まさに、死して天命を待つ！

それが、フェーズ３における死の本当の姿なのではないでしょうか。

第6章 孤独死のススメ全10か条 正しい孤独死を迎えるための実践篇

死んだ後に天国に行くためには、日頃から夜眠る前に「ただいま！」を唱える練習をしておくことは、すでにお伝えしました。

それに加えて、〝正しい孤独死〟を迎えるために、生きているうちに日頃から習慣にしておきたいことがあります。

孤独死のススメとは、決して「一人で寂しく死んでいこう」ということを目的とするものではありません。

ただ、家族や愛する人に囲まれてすすり泣きや悲しみのエネルギーに包まれて旅立ったり、暗い雰囲気の中で逝くものではないということを知っていただきたいのです。

死とは、「心臓が止まる」という物理的な現象と事実であり、そこに感情を入れ込んだり、ひきずったりするものではないのです。

ただ、その瞬間が来たら、お迎えに来た存在とともに、まるで次の扉を開けるように、一人で旅立っていくことが正しい孤独死なのです。

そのためにも、僕が日々実践している正しい孤独死を迎えるための10か条をここにご紹介したいと思います。

どれも簡単なものばかりなので、どなたでも日常生活にすぐに取り入れられるはずです。

さあ、あなたも今からいつか必ずやってくるその日のために、正しい孤独死の準備をはじめましょう。

1 自立するために一人暮らしをする

孤独死とは、要するに文字どおり「一人で死んでいくこと」ですが、一人で死んでいく強さを身につけるためにも、まずは、一人暮らしをしてみることをおすすめします。

大家族で住んでいる方や、パートナーといつも一緒にいる人は、いざというときに一人になることができないものです。

そして、そんな人は一人になることに恐怖を覚えるので、孤独死ができません。

そこで、今から一人暮らしをすることで、自立して〝一人〟として単体での在り方に慣れておく、という練習をしておくのです。

もし、一人暮らしができない事情がある他、経済的に一人暮らしがかなわない場合は、せめて、自宅では一人で寝るようにしてみるのもよいでしょう。

パートナーがいる方は、週に何回かはパートナーと一緒のベッドや布団で寝るのではなく、あえて、一人だけで寝るようにするのです。

誰もが最後は一人で旅立つものです。

一人で寝ることは、一人で旅立っていくためのレッスンになるのです。

特に、人生の後半になったら、すべての意味において自立できるように〝一人上手〟になっておくことをおすすめします。

ただし、ひとつだけおすすめしないこと。

それは、一人酒です。

一人でお酒を飲むと、自分の内側に入りこんでしまい、寂しさや孤独感を覚えがちなので、お酒を飲むときは必ず二人以上で〝楽しいお酒〟を心がけてください。

2 思い出の品を大切な人・友人たちに託す

もし、あなたが死んでしまったら、後に残ったあなたの所有物たちはどうなるでしょうか。

大抵の場合、死んだ後の持ち物は、思い入れのあるものは棺桶に一緒に入れられて焼却されたり、その他のものは、家族に処分されたりしてしまうでしょう。

そこで、自分にとっての思い出の品々があれば、自分の側に置いておかずに、まだまだあなたが元気なうちに、大切な人や友人たちに形見として託しておくのです。

そうすると、彼らはその品を見るたびに、あなたのことを思い出してくれるでしょう。

実は、友人たちが「あなたのことを思い出す」ということは、あなたの魂があちらの世界からこちらの世界にやってくるということでもあるのです（たとえ、彼らがそのことを意識していなくても）。

思い出の品は、あなたが向こうの世界からこちらの世界へやってくるときのゲート、いわゆるポータルになるのです。

要するに、大切な人や友人たちに思い出の品を渡しておく、ということは、こちらの世界に、あなたがやってくるためのポータルを残しておくということになります。

ポータルが多ければ多いほど、あなたはこちらとあちらの世界の行き来が可能になります。

思い出の品こそ、いつまでも自分の手元に置いておくのではなく、大切な人や友人たちに配っておきましょう。

あなたが、こちらの世界に遊びに来るポータルを残しておくためにも。

3 生後1年以内の写真か、24歳前後の自分の写真を部屋に飾っておく

死んだ後は、誰もが肉体という衣を脱いで、魂だけになって旅立っていきます。

そのときには、肉体だけでなく、この世界での長年のしがらみを捨てて、丸裸の魂にな

るわけです。

丸裸の魂こそ本当の自分なのですが、でも、そんな自分の本質が自分では今ひとつわからない、という人もいるかもしれません。

そこで、自分の本質の姿を自分自身で生きているうちから見つめて、その姿をリマインドしておくのです。

まず、あなたの魂の本質とは、第2章でお話ししたように魂が最も輝いている24歳の頃のあなたです。

さらには、あちらの世界からこちらに来た生まれたばかりの赤ちゃん時代もそうだといえるでしょう。

人間としてピークの時代を生きていた24歳前後、そして、まだピュアで穢れのないピカピカだった赤ちゃん時代から生後1年以内の写真を部屋に置いて飾り、時々眺めることで、あなたは自分の本来の魂の姿と向き合うことができるのです。

常日頃からそんな写真を見て、本当の自分の姿を自分自身にリマインドしておきましょう。
僕も生後10か月の頃の写真を自宅に置いて、たびたび眺めるようにしています。
これは、本当の自分に戻る日のためのレッスンでもあるのです。

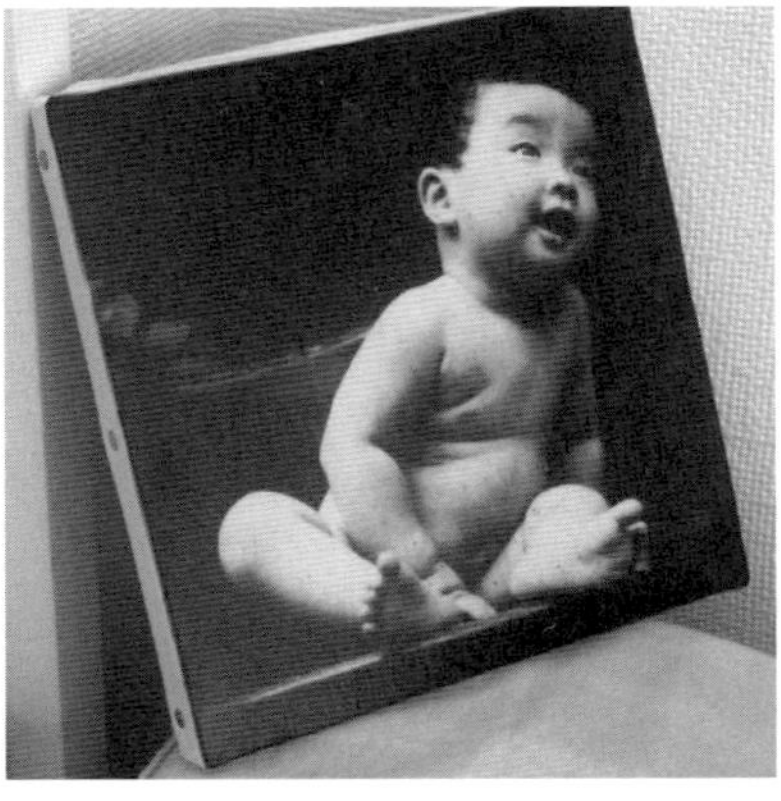

自室には生後 10 か月の頃の自分の写真を飾って、時々眺めている

4 夜空の星を眺める

一日の終わりには、夜空の星を眺めることを習慣にしてみてください。
忙しい人なら、ほんの数分でもＯＫです。もちろん、それが眺める星の少ない都会の夜空であっても、曇り空の星の出ていない日の夜空でもかまいません。

夜空の星とつながることは、あちらの世界とつながることを意味します。

夜空を見つめていると、あちらの世界からのメッセージを受け取ることができたりするだけでなく、こちらの世界にいながら、あちらの世界とコンタクトが自然にできるようになるのです。

また、昼間は忙しさでわさわさしていたり、明るすぎて〝空間〟を感じることが難しいものですが、あたりも静かになった夜になると、〝空間そのもの〟を感じることもできるはずです。

僕は、子どもの頃から毎晩夜空を見ることが習慣になっています。

一日の終わりに静かに瞑想状態になって夜空の星とつながることは、生きながらあちらの世界とコミュニケーションできる、ひとつの方法です。

5 身の周りの品々に感謝する

大切なモノは丁寧に扱うけれども、そうでないものはぞんざいに扱う、という人は多いのではないでしょうか。

けれども、この世界でただのモノとして扱われている家具や日用品なども、素領域理論の考え方からすれば、ワンネスの中でつながっているものであり、きちんと魂があるのです。

人間や動物など命のあるものだけが魂を持っているのではありません。

だからこそ、自分の身の周りの品々をただのモノとして扱うのではなく、感謝の気持ちで向き合ってほしいのです。

たとえば、電化製品や車などにも愛情を持って感謝の気持ちで接していると、長持ちしてくれます。

冷蔵庫なども、冷蔵庫の扉を撫《な》でて「いつもありがとう！」と感謝の気持ちを伝えながら日頃から使用していると、何年も故障せずに動いてくれます。

このように、ひとつのモノを大切に使い続けていると、ムダにモノを増やすこともなく、ミニマリズムの精神で最小限の品々だけに囲まれて暮らすことも可能になるのです。

死を意識すると、断捨離しながら自分の持ち物を減らしていくという人も多いのですが、それよりも、ひとつのモノに愛情を持ち、感謝をしながら少なく長く使うほうが豊かな生活を送れるのです。

6　平日の人が少ないときに映画館で映画を観る

平日の人が少ない時間帯に映画館で映画を時々観るのもおすすめです。

「平日に映画館で映画を観る」ということが、孤独死のための準備の実践法と、どのように関係があるのかと思われるかもしれません。

まず、孤独死とはこれまで生きてきた豊かな人生の幕引きのことです。

つまり、生きているときには、思う存分、人生を豊かに楽しむべきであり、そのためのヒントとして、映画を観ることが魂の栄養になるのです。

では、TVや最近普及しているネットのオンデマンド配信で映画を観ればいいのか、と問われるのならそういうわけではありません。

映画館で観る映画こそが、2時間という時間で人生を大きくシフトさせられるのです。

暗闇の映画館で観るスクリーンの向こうは、ひとつのパラレルワールドです。

スクリーンに展開する感動巨編からアクション、SFにファンタジーと、非日常の世界があなたをパラレルワールドに誘うだけでなく、さまざまな人生のヒントを与えてくれるのです。

あなたは、映画館というポータルでパラレルワールドへ行くことで、映画館から去るときには、映画館に入る前とは違うパラレルワールドに移行しているのです。

そんな自己変容を体験するためにも、ざわざわと混んでいない人の少ない平日の映画館がおすすめです。

月に一度時間を作って、平日に映画館に通う習慣をつけていると、孤独死へ向けて彩りのある人生が送れるはずです。

7 定期的に往復はがきを友人たちに送る

どんな人にも親しい人は数人いることでしょう。

その数人の方に、毎月一回、往復はがきを送るようにしてみてください。

往信部分のスペースの内容は何だっていいのです。

今月はこんなことがあった、あんなことがあったという、何気ない日記のような内容でもいいし、詩や俳句みたいな短い一文だけでもいいし、相手へのメッセージや相手との思い出話でもいいでしょう。

メールやＬＩＮＥ、そして他にもＳＮＳが花盛りのこのデジタル時代に、「往復はがき」というアナログなコミュニケーションのスタイルは、きっと強烈に相手の目に留まるはずなのです。

そして、ハガキを送られた相手は、毎月送られてくるあなたからのこのユニークな通信を読んだらそのままにしておくかもしれないし、ときには、返信部分にメッセージを書いて送り返してくれるかもしれません。

ただ、送られてきた相手は、その「あなた通信」が途絶えたときに、ふと気づくのです。「あれ、そういえば、今月は彼から（彼女から）の往復はがきが来なかったな……」

そんなふうにして、あなたの死を相手は知ることになるのです。

もし、あなたに家族がいない場合、このような方法で友人たちにあなたの死を告知することも可能になります。

人生を閉じる最後まで人々とつながっておく、ということは世の中ともつながっているということです。

孤独死とは決して天涯孤独な死を迎えるということではありません。

ただ、死ぬときは一人で死んでいく、というだけなのです。

もしあなたが送る相手がいない、という場合は、前出の「あの世カレッジ」まで往復はがきを送るのもひとつの方法です。

8 時折、あてもなく歩く

時間のあるときに、ふらりと外に出てあてもなく歩いてみてください。

それは、なじみの近所をちょっと散歩する、というようなものではなく、たとえば、電車で知らない町に降りて、駅から思いつくままにあてもなく彷徨いながら道を歩いてみたりするのです。

そうすると、自分にとってそのときに必要なある場所に偶然に導かれたり、もしくは、あてもなく歩いているときに偶然に出会うべくして人に出会ったりするものです。

人は人生の後半になると、生き方もコンサバ（保守的）になって冒険をしなくなるものですが、海や山など大自然の中へ出かけたり、海外へ出かけたりすることが冒険なのではありません。

普段の日常生活の中でできるこんな小さな冒険にも、偶然という神の采配を味わい、楽しむことができるのです。

時折、あてもなくふらりと歩くことを習慣にしていると、知らない町を歩くという適度な緊張感とウォーキングによる運動ができるだけでなく、いろいろな新しい発見があるはずです。

死の直前まで好奇心旺盛になって人生を生ききることが、幸せな孤独死を迎えるための準備でもあるのです。

9 馴染みの店を作っておく

食事でもお酒でもいいので、あなたにとって馴染《なじ》みのお店を作っておくことをおすすめします。

これは①の「自立するために一人暮らしをする」の項目でも述べましたが、自宅での一人酒を控える代わりに、お酒を飲むのなら馴染みのお店を決めておいて、そこでお酒を飲むようにするのです。

馴染みのお店を持っておくと、お店のご主人だけでなく、顔馴染みの常連さんも何人かできるはずです。

そして、あなたがお店に顔を出さなくなることで、彼らが心配してくれるのです。

「あら、○○さん、最近、顔を見せないね」と。

そして、そんな彼らがあなたを心配して、あなたのもとを訪れてくれるかもしれません。

孤独死とは、孤独に寂しく死んでいくというものではなく、孤独死を選ぶことで、逆に、友人や周囲の人々やコミュニティとの絆がより強固になったりするものです。

特に都会で生きている人こそ、このような形で人々や社会とのつながりを持っておくことが重要になってきます。

10 窓辺に魔除けの鉢植えを置く

さて、死が近くなると、あちらの世界から〝お迎え〟がやってきます。

〝お迎え〟とは、あなたを天国に導くためにやってくる、あなたにご縁のある霊魂たちです。

けれども、旅立つ日が近づくと、あちらの世界との壁が薄くなりはじめて、いろいろな存在たちもやってくるようになるのです。

その中には、魔物と呼ばれる悪さをする存在たちもいます。

魔物たちがやってくると、不調になったり、精神的にも不安定になったり、不運なことが起きてしまったりします。

そこで、魔物に惑わされずに心身ともに健康でいるためにも、自宅の窓辺やベランダに草花やハーブの鉢植えを置いて毎日水をあげ、自宅への入り口を浄化しておくことをおすすめします。

草花の種類は何でもいいのですが、僕が置いているのは魔除けにもなるホーリー・バジルの鉢植えです。

他にも、ホワイトセイジなども魔除けには効果的です。

死が近づくほどに自宅を常にきれいに浄化しておき、天国からの存在だけがやってくるようにしておきましょう。

あとがき――さあ、生きよう！

いかがでしたでしょうか？

誰もがいつか必ず初めて体験することになる死というものについて、僕自身が直接経験できた死の瀬戸際で知り得たこと、あるいは、僕の周囲にいる信頼できる親しい人たちが直に体験した内容を教えてもらったことを、理論物理学者の智恵を総動員してまとめてみました。

物理学の立場から見ても決しておかしくない「この世」と「あの世」の姿を描き出すことができたのは、日本人で初めてノーベル賞受賞に輝いた理論物理学者・湯川秀樹博士が晩年に提唱されていた「素領域理論」における空間構造を基本に据《す》えたからです。

また、編集の西元啓子様と営業の佐々木貞和様のお力添えがなければ、おそらく本書が形になることもなかったことでしょう。

お二人のご尽力に対する謝辞で締めくくらせていただけることは、著者冥利につきます。

ありがとうございました。

令和元年秋　白金の寓居にて著者記す

これにより、これまで宗教的な世界観で盲目的に信じられていたイメージを払拭することができたのです。

それは、「あの世」というものは、「この世」の宇宙の果てのそのまた先にあるという「あの世」に対する間違った概念です。

しかし、素領域の考え方を用いれば、「この世」のいたるところに「あの世」が入れ子になって接するように存在しているということが理解できるのです。

本書をとおして、読者の皆様には「あの世」をより身近に受け入れることができる物理学的世界観をお示しすることができたのではないでしょうか。

僕自身、そんな斬新な世界観の上に立ったからこそ、死という人類に残された最後の謎を解き明かすことが可能になったと信じています。

こうして本書でお披露目できたものは、これまで素朴な民間信仰的に想像されてきた死にまつわるファンタジー、さらには、世界中のさまざまな宗教の中で唱えられてきた神話的物語、あるいは、現代科学と哲学の間で繰り返されてきた不毛の死生観などとは本質的に違う、「死の実学」と呼ぶにふさわしいものです。

つまり、まさに死ぬときにこそ大いに役立つ現実的・実践的な内容であり、だからこそ、本書を読破することで、誰もが苦もなく死を迎える準備が整うことになるのです。

とはいっても、決して、読者の皆さんに死を受け入れることをおすすめしているわけではありません。

死というものの本質を理解することで、僕たちが日々直面している「いつ襲いかかってくるかわからない死の恐怖」から解放されたならば、毎日を全力で駆け抜けるかのように生きていくことができるのです。

そのことをできるだけ多くの方に知っていただき、人生の指針としていただきたい！

ただただ、そう願って本書を世に問うことにいたしました。

本書の執筆にあたり、新進気鋭の出版社であるＶＯＩＣＥの社長大森浩司様には、すでに片足を棺桶に入れた感のあるこの変わり種の理論物理学者に格別の機会を賜りましたことを、ここで深く感謝したいと思います。

著者

保江 邦夫　Kunio Yasue

理学博士。岡山県生まれ。東北大学で天文学を学び、京都大学大学院、名古屋大学大学院で理論物理学を学ぶ。その後、ジュネーブ大学理論物理学科講師、東芝総合研究所研究員を経て、1982年よりノートルダム清心女子大学教授、2017年より同名誉教授。

故エスタニスラウ神父よりキリスト伝来の活人術「冠光寺眞法」を継承し、東京、岡山、名古屋、神戸で活人術道場を開催。伯家神道神事研究会主宰でもある。

著書に『願いをかなえる「縄文ゲート」の開き方』『人生に愛と奇跡をもたらす神様の覗き穴』(ビオ・マガジン)、『ついに、愛の宇宙方程式が解けました』(徳間書店)、『祈りが護る國 アラヒトガミの霊力をふたたび』(明窓出版)など多数。

せめて死を理解してから死ね！　～孤独死のススメ～

2019年12月15日　第1版第1刷発行
2019年12月25日　第2刷発行

著　者　保江 邦夫

編　集　西元 啓子
校　閲　野崎 清春
デザイン　染谷 千秋（8th Wonder）

発行者　大森 浩司
発行所　株式会社 ヴォイス　出版事業部
〒106-0031
東京都港区西麻布3-24-17 広瀬ビル
☎ 03-5474-5777（代表）
☎ 03-3408-7473（編集）
FAX 03-5411-1939
www.voice-inc.co.jp

印刷・製本　株式会社 歩プロセス

ISBN 978-4-89976-502-8